W0180879

LOUISE MARTINI

EIN *O*
FÜR LOUISE

Wien in den 50er Jahren

DEUTICKE

2. Auflage

© 1998 Franz Deuticke Verlagsgesellschaft m.b.H., Wien-München
Alle Rechte vorbehalten

Fotomechanische Wiedergabe bzw. Vervielfältigung,
Abdruck, Verbreitung durch Funk, Film oder Fernsehen
sowie Speicherung auf Ton- oder Datenträger, auch
auszugsweise, nur mit Genehmigung des Verlags.

Umschlaggestaltung: Robert Hollinger
Druck: Wiener Verlag, Himberg bei Wien

Printed in Austria
ISBN 3-216-30392-6

Inhalt

Ein O für Louise

Man hat es mir so oft weggenommen, sicher nicht immer in böser Absicht, aber es hat immer weh getan, besonders damals, in meiner Anfängerzeit in den fünfziger Jahren. Und es schmerzt noch heute. Ich komme mir dann immer vor, als wäre ich nicht korrekt gekleidet, als fehlte mir ein Stück Stoff an einer Stelle, die unbedingt bedeckt sein müßte. Kindisch wahrscheinlich! Aber ich wurde schon als Kind angehalten, es gut zu hüten – mein »O« nämlich! Meine Großmama, die denselben Vornamen hatte, pflegte stets zu sagen: »Mein Kind, du mußt immer darauf achten, daß du eine französische *Louise* bist und keine preußische *Luise!*« Geben Sie zu, die französische Schreibweise gefällt Ihnen auch besser. Nichts gegen die schöne Königin Luise von Preußen und die vielen anderen erlauchten Damen, die diesen Namen getragen haben und die man natürlich *Luise* gerufen hat. Ich will mein »O« haben!

Was meinen Zunamen betrifft, darf ich nicht so beharrlich sein. Den habe ich mir einfach genommen, als ich die ersten Schritte auf Bühnenbretter wagte. Ich hieß *Chiba*, ein nicht sehr häufiger Name, der aus dem Tschechischen kommt, auch in Polen gibt es ihn, mit Y geschrieben, ein Donaumonarchiegemisch wie ich ja auch. Aber wie würde man den aussprechen, wenn ich im Schauspielerberuf bekannt werden sollte, *Tschiba* oder *Chiba* (mit einem »ch« wie bei einer Halskrankheit)? Nur nicht *Kiba*, wie ich es gern gehört hätte. Meine Mutter hieß Martini, bevor sie den Leopold Chiba heiratete. Louise Martini, das klingt doch ganz gut, dachte ich und nahm Mamas Mädchennamen, ohne sie zu fragen, in Besitz. Als sie dahinterkam, war sie kein bißchen stolz darauf, daß ich ihrem Namen Ehre machen wollte. Sie hatte nur die eine Sorge: »Alle werden glauben, du bist ein uneheliches Kind!« – Na ja, man schrieb das Jahr 1950.

Als ich angefangen habe, in meinen ungeordneten Erinnerungen und in den noch weniger aufgeräumten Photokisten zu kramen, um mich auf die weit zurückliegende Zeit einzustimmen, da wußte ich noch nicht genau, was dieses Jahrzehnt für einen Eindruck hinterlassen hat. Waren es wirklich »goldene« Jahre, wie man heute gelegentlich lesen kann, oder waren sie »wild«, wie es anderswo steht? Ich habe ein bißchen herumgefragt. Viele schauten mich mit verklärtem Blick an und meinten: »Es war eine schöne, eine tolle, eine wundervolle Zeit – alles war möglich …« Oder aber: »Das war die Zeit, die die 68er-Kinder ihren Eltern vorgehalten haben, weil die *nur* an den Aufschwung gedacht haben …«

Nennen wir sie die *wunder-vollen* Fünfziger! Daß wir 1955 den Staatsvertrag bekommen haben, war ja doch ein Wunder. Und danach erlebte Österreich eine wirtschaftliche Entwicklung, von der man vorher nicht geträumt hatte. Für viele unserer Landsleute waren das sicher »goldene« Jahre. Oper und Burgtheater wurden glanzvoll wiedereröffnet. Man fuhr zum ersten Mal in den Süden, mit dem neuen Auto (24 Monatsraten), das Benzin kostete circa drei Schilling pro Liter.

Das Fernsehen war rührend jung und voller künstlerischer Ambitionen. Aber nur wer am Wirtschaftswunder teilhatte, konnte sich so einen riesigen Kasten leisten. Die anderen bestaunten das neue Wunder im Kaffeehaus.

Die berühmtesten Jazzmusiker kamen nach Wien, und nach ihren Konzerten konnte man sie beim Fatty George treffen. Man tanzte in der Adebar, hörte Chansons in der Marietta, ging zum Reden in die Eden, aber vorher ins Intime Theater

Mitgliedsbuch

Nr. IV/46701/3094

für Herrn/Frau/Frl. *Maria Luise Chiba*

Theatername: *Louise Martini*

Beruf: *Schauspielerin*

in die Sektion aufgenommen am: *1.6.1950*

Für die Sektion der Bühnenangehörigen

Der Präsident: Der Sekretär:

Wien, am *4. August 1950*

Louise Martini, das klingt doch ganz gut,
dachte ich und nahm Mamas Mädchennamen,
ohne sie zu fragen, in Besitz.
Das Mitgliedsbuch der Schauspielergewerkschaft

gegenüber in der Liliengasse, zum Qualtinger. Der »Marlon Brando mit seiner Maschin'« mit dem Qualtinger ist heute ein Klassiker wie sein Filmvorbild »Der Wilde« mit Marlon Brando. Nierentische, Schalenfauteuils, Tulpenlampen und Wurlitzer stehen in Ausstellungen und in Antiquitätenläden.

Und wer noch immer nicht genug von den Fünfzigern hat, der muß nur in den Fernsehapparat schauen. Wer hätte gedacht, daß die Heimatschnulzen, die damals den Filmmarkt beherrschten und die wir uns nie ansahen, überleben würden ...

»Silberwald und Schützenliesl, grüne Heide, leuchtendes Alpenrot, Silberwald, Alpenrot, Kaiserball, schöööön ... Heidegrab«, haben meine Kabarettkollegen in der Parodie »Orpheus in der Filmwelt« zur Offenbachschen Musik gesungen. Erinnern Sie sich?

Also, auf in die Fünfziger! Die Zeitmaschine ist bereit! Wir werden ja sehen, ob sie »golden« waren oder nicht. »Wild« im Sinne von sexuell enthemmt waren sie sicher nicht. Wir waren ausgelassen, unternehmungslustig, neugierig, aber letzten Endes recht brav. »Wild« wurde es wohl erst im nächsten Jahrzehnt, und dann eher an der Themse als an der schönen blauen Donau.

Die Anfänge:
Zwei Fahrscheine Abendgage

Sommer 1950. Ich war achtzehn Jahre alt. Die Haare waren kurz, die Röcke lang, halbe Wade mindestens. »New Look« hatte der Pariser Modepapst Christian Dior diktiert: schmale Taille, weitschwingende Glockenröcke aus edlen Materialien – für die, die sich's leisten konnten. Die Illustrierten waren voll mit Bildern von ungeheurer, unerschwinglicher Eleganz.

Ich marschierte in einem gestopften dunkelblauen Marinepullover von meinem Vater, einem weinroten Samtjäckchen von der Schwedenhilfe und – mein ganzer Stolz – einem nagelneuen, dunkelblauen Rock, dem Geschenk einer Schweizer Patentante, zu meiner ersten Theaterprobe. (Der Rock war wadenlang.) Ich war überglücklich, weil ich gleich nach dem Reinhardt-Seminar ein erstes Engagement bekommen hatte, im Kleinen Theater im Konzerthaus, einer sehr renommierten Kellerbühne. Der künstlerische Leiter war Michael Kehlmann, die Hausherrin Trude Pöschl. Die unternehmungslustige Trude, selbst Schauspielerin, hatte einen sehr wohlhabenden Mann geheiratet, den Trudes künstlerische Ambitionen nicht störten. Ja, besser noch, er soll gesagt haben: »Meine Frau will Theater spielen. Wenn sie mir einen Sohn schenkt, schenk' ich ihr ein Theater.« Und es ist alles planmäßig gelaufen: Der Sohn kam, und Trude wurde Theaterdirektorin, keine schlechte übrigens. Als ich Jahre später mit eben diesem Sohn einen Film drehte, konnte ich ihm sein Alter auf den Kopf zusagen. Der Film war »Santa Lucia« von Peter Patzak, und der Sohn spielte meinen

Liebhaber ... Später habe ich ihn aber auch als Filmsohn bekommen, in der Komödie »Ilona und Kurti«. Sein Name ist Hanno Pöschl.

Aber zurück zu den Anfängen, zu Trude Pöschls Kleinem Theater. Die Adaption der ehemaligen Rumpelkammer unter dem Konzerthaus hatte anscheinend doch mehr gekostet als veranschlagt war, so daß für Gagen kaum etwas übrigblieb. Ich bekam zwei Fahrscheine pro Abend. Zwei Fahrscheine waren gleich zwei Schilling. 1950 kostete eine Straßenbahnfahrt tatsächlich einen Schilling! Wenn man zu Fuß ging und die Direktion keine Vorverkaufsfahrscheine austeilte, sondern bar bezahlte, konnte man sich für eineinhalb Abendgagen ganze zwei Mokka kaufen. Am liebsten gingen wir ins Espresso Dr. Barry, Ecke Schwarzenbergplatz und Ring. Das hatte den Charme einer Bahnhofshalle, aber wir fanden es damals sehr chic. Ich glaube, wir haben dort sogar unsere Premiere gefeiert. Es war »Kasimir und Karoline«, ein wunderschönes Stück von Ödön von Horváth. Regie führte Michael Kehlmann, das Bühnenbild entwarf Lajos von Horváth, der Bruder des frühverstorbenen Dichters.

Ich habe natürlich nicht die Titelfigur Karoline gespielt, auch nicht Erna, die zweite weibliche Hauptrolle. Mich hatte man aus einer Gruppe von Bewerberinnen für die Rolle der »Elly« ausgewählt. Elly war eine recht »willige« Praterfee – keine schlechte Rolle. Sie war nicht groß, aber auch keine »Wurz'n«, wie wir im Theaterjargon abwertend die kleinen und kleinsten Rollen nennen, in denen man keinerlei Chance hat aufzufallen. Ich spielte also die Elly mit großer Begeisterung und totalem Einsatz. Was ein richtiger Schauspieler ist, dem ist es ganz egal, ob die Figur, die er darzustellen hat, gut oder böse ist, eine blendende, elegante Erscheinung oder ein schlampiges, zänkisches Vorstadtpflänzchen, die Hauptsache ist, die Rolle ist gut, ergiebig, die Menschen können lachen oder auch weinen über sie. Die Elly war eher auf der komischen Seite. Ich werde aber nie die Reaktion meiner armen Mutter nach der Premiere vergessen ... Sie war ja immer gegen diesen Schauspielerberuf gewesen. Aber nun hatte das Kind wenigstens die Matura gemacht, war am Reinhardt-Seminar ausgebildet worden, wo doch so viele große Burgschauspieler studiert haben, und nun kam sie auf die Bühne als Praterschlamp'n, und ihr erster Satz war: »Herst, is des aber ein alter Hirsch, so eine winnige Wildsau!« So hieß es in der Wiener Fassung. Die Originalversion, in der das Stück auf dem Oktoberfest in München spielt, wäre auch nicht vornehmer gewesen: »So ein Saubär, ein ganz bremsiger!« Zwei Schilling also pro Abend in der ersten Spielzeit. Die nächste Rolle hatte schon mehr Text und war überhaupt nicht »anstößig«, und in der dritten Produktion im Konzerthaustheater stand ich zum ersten Mal mit Helmut Qualtinger auf der Bühne, in einem kabarettistischen Programm, das »Blitzlichter« hieß. Ob der Qualtinger auch für zwei Fahrscheine gespielt hat? Viel mehr war es sicher nicht. Er ist sein Leben lang nicht geschäftstüchtig gewesen.

Wie konnte man von zwei Schilling pro Abend leben? Ich habe bei meiner Familie gewohnt, recht eng, fünf Personen in zwei Zimmern in Untermiete, da ausgebombt, und habe jeden Job angenommen, von Nachhilfestunden bis zum Reklamezettelverteilen auf der Straße (für einen amerikanischen Film, Kinderwagen schiebend, im Matrosenkleid, Schande!). In dem ersten Zeitungsartikel, der über mich erschien, auf den ich mich so gefreut hatte, stand, mein Leben sei sehr hart gewesen. Ich hätte mich als Liftführerin und als Fabrikarbeiterin durchgeschlagen, kein Wort von Gymnasium. Im Laufe der Jahre habe ich gelernt, daß Journalisten manchmal nicht zuhören oder auch die Notizen, die sie sich gemacht haben, verlieren oder einen auch nach einem längeren Gespräch, in dem es um wesentliche Dinge gegangen ist, unvermittelt fragen: »Haben Sie nicht vielleicht eine schwere Krankheit überwunden?« So etwas wollen anscheinend die Leserinnen beim Friseur und beim Zahnarzt gern erfahren. Wie die Journalistin damals ausgerechnet auf den Lift gekommen ist, weiß ich nicht. Vielleicht hatte sie die Story »Von der Liftführerin zum Star« aus einem Film. Klingt so amerikanisch. Aber in einer Fabrik hatte ich tatsächlich neben der Schule gejobbt. Es war eine Hutfabrik, und ich mußte alte Strohhüte auftrennen. Den Schmutz bekam man nicht mehr unter den Fingernägeln heraus. Die Strohbändchen wurden dann zu neuen Hüten vernäht. Einen Filzhut bekam man gleich nach dem Krieg nur, wenn man ein Kaninchenfell abgab. Woher nehmen?

Meine Mutter war eine tüchtige Frau, die alles organisieren konnte. In unserem Garten in Klosterneuburg hatten wir zwei Hühner und einen Stall mit Kaninchen. Meine kleinen Brüder zählten immer wieder, ob nicht eins fehlte, ob nicht ein Dieb oder ein Fuchs eins davongetragen hatte. Manchmal passierte es, aber sie erfuhren nicht, daß die Mama der Bösewicht war. Wir hatten ein paar Tage lang köstlich zu schmausen, und ich trug das Fell in die Fabrik. – Das war knapp nach dem Krieg. 1951 gab es schon alles zu essen, vorausgesetzt, man konnte es sich leisten. Für mich kam nun der große Goldregen. Ich wurde für eine Synchronarbeit engagiert und verdiente mit einem Schlag 2500 Schilling! Das war ein kleines Vermögen.

Als erstes leistete ich mir ein Untermietzimmer für mich allein, 180 Schilling monatlich, mit Küchen- und Badbenützung, keine Herrenbesuche. Die 2500 Schilling waren absolut seriös verdientes Geld, aber die Begleitumstände kamen mir doch ein bißchen seltsam vor. Der Film, der *englisch* synchronisiert werden sollte, hieß »Das Kind der Donau«, und in diesem Leinwandepos mit Marika Rökk in der Hauptrolle war ich zwei Jahre vorher als »Wurz'n« tätig gewesen (vierzehn Drehtage, zweieinhalb Sätze zu sprechen, Edelkomparserie nennt man so etwas). Ich wußte also, daß dieser Film in den Wien-Film-Ateliers am Rosenhügel gedreht worden war. Der Rosenhügel lag in der britischen Zone (vergessen wir nicht, es war Besatzungszeit), die Russen hatten aber das Filmgelände für sich beansprucht, also als eine sowjetische Enklave im britischen Bezirk, und produzierten dort mit erheblichem Aufwand allerhand Schmarrn, so auch »Das Kind der Donau«. Marika war der singende, tanzende Star, aber auch Annie Rosar hat mitgespielt, Fred Liewehr, Fritz Muliar, Nadja Tiller, Helli Servi und eine Reihe anderer Wiener Schauspieler. Und nun sollte diese russische Produktion englisch synchronisiert werden ...?

Man hatte mich zum Vorsprechen ins Hotel Ambassador bestellt. »In ein Hotel?« sagte die gestrenge Mama. »Kommt überhaupt nicht in Frage!« Ich beruhigte sie: Regie sollte doch Hans Jaray führen, dieser schöne, edle Schauspieler, den sie gerade im Volkstheater als »Pfarrer von Kirchfeld« bewundert hatte. Der bürgte doch für Seriosität ... Das überzeugte sie.

Ich machte mich auf den Weg ins Hotel Ambassador, erster Bezirk, Neuer Markt. Ich war bis dahin überhaupt noch nie in einem Hotel gewesen, schon gar nicht in einem so vornehmen. Marmorboden in der Halle, ein Herr in eleganter Livree hatte mir die Tür aufgehalten, ein anderer in einer Uniform mit noch mehr Goldtressen gefragt, ob er mir helfen könne. Ich dachte, jetzt werden die gleich sagen: »Da müssen Sie sich irren, nicht bei uns« und mich hinauskomplimentieren. Auf einmal kam ich mir gar nicht mehr so elegant vor in meinem dunkelblauen wadenlangen Rock. Aber nein, man wußte Bescheid. Das Vorsprechen sei im ersten Stock, Zimmer soundso. Ich fuhr im Lift hinauf, klopfte an, und dann war ich in dem feinen, riesengroßen Appartement. Es war ein bißchen wie Kino. Man bot mir Platz an, Kaffee, und gab mir den Text, aus dem ich vorlesen sollte. – Ich hatte schon mit sechs Jahren angefangen, bei meiner Großmama Englisch zu lernen. Meine Sprachkenntnisse waren mittelmäßig, aber nicht akzentfrei, meine Synchronerfahrung freilich gleich Null. Aber Hans Jaray war gnädig, und besonders nett und wohlwollend erschien mir ein kleiner Herr mit kugelrundem, fast kahlem Kopf, gegen dessen Aussprache meine reinstes Oxford-Englisch war – der Produzent Boris Morros. Ich wurde engagiert! Im Studio stellte sich heraus, daß ich, die blutige Anfängerin, der einzige Profi war. Die anderen, die neben mir im dunklen Synchronstudio standen, waren zum größten Teil amerikanische Studenten ohne jede Theatererfahrung. Seltsam, seltsam ... Und wieder habe ich mich gefragt, wieso ist ausgerechnet dieser Film nach Amerika verkauft worden? Sollte es Emigranten geben, die so sehr an der Rökk hängen, wo sie doch drüben die Ginger Rogers haben und die Eleanor Powell? Wer wollte diesen Kitsch in Agfacolor, »Das Kind der Donau«, den die Russen produzieren ließen, in den USA sehen, und wenn schon, warum in englischer Fassung? Die Antwort ist – *niemand!*

Des Rätsels Lösung erfuhr ich erst viel später. Der freundliche kleine Herr mit dem fremdländischen Akzent war ein Spion, getarnt als Filmkaufmann. Er hatte die fabelhafte Idee, von den Russen produzierte Filme nach Amerika zu verkaufen. Dafür konnte er auch in der Zeit des Kalten Krieges ungehindert in die Sowjetunion und in die USA reisen. Ob unsere Synchronisation gut war oder nicht, war völlig egal, denn die Filme sind nie irgendwo gelaufen!

Das abenteuerliche Leben des Boris Morros wurde übrigens später unter dem Titel »Geheimakte M« mit dem renommierten amerikanischen Schauspieler Ernest Borgnine in der Hauptrolle in Hollywood verfilmt.

Radio

Wie aus einem mäßig bezahlten Nebenberuf
eine Liebe fürs Leben wurde

Zuerst kannte ich nur die RAVAG, RAdioVerkehrs-AG, die hatte ich schon während meiner Seminarzeit kennengelernt. Das Funkhaus in der Argentinierstraße im vierten Bezirk kam mir damals sehr imposant vor. Eine uneinnehmbare Festung, und der Kommandant war – so schien es mir – Professor Nüchtern, der allmächtige Hörspielchef. Ihm wurden wir einmal im Monat »vorgeführt«. Ein Bus transportierte uns vom Palais Cumberland im vierzehnten Bezirk, dem Sitz des Max-Reinhardt-Seminars, ins Funkhaus.

»Mikrophonsprechen« hieß das Lehrfach, so stand es jedenfalls vier Semester lang in meinem Studienbuch. Was haben wir wirklich gelernt? Eigentlich gar nichts. Keiner hat uns gesagt, wie wir mit diesem stummen Partner Mikrophon umzugehen hätten. Wir haben uns einfach in respektvollem Abstand vor das Aufnahmeinstrument gestellt und wild gestikulierend unsere Gretchen, Käthchen, Klärchen, Karl Moor und Mortimer in den Raum geschmettert. – Später sollte mir das Mikrophon ein guter Freund werden, aber auch ein unbestechlicher, der sensibel behandelt werden will. Auf der Bühne hat man den ganzen Körper, Hände, Füße, edle Kostüme, ein tolles Make-up, um etwas darzustellen. Im Hörspiel hat man nur seine Stimme. Der Zuhörer muß sich selbst in seiner Phantasie die Figuren und das Bühnenbild bauen. Und wenn man vor dem Mikro sitzt und den Menschen etwas erzählen will, dann sollte man immer denken, daß da irgendwo *einer* ist, der einem zuhört, ein Freund, dem man etwas mitteilen möchte, dann wird wahrscheinlich jeder Hörer meinen, es gehe ihn persönlich an. – Von all dem habe ich im Lehrfach »Mikrophonsprechen« nichts erfahren. Auf mich hatte es der mächtige Herr Professor in der RAVAG besonders abgesehen. Nicht, weil ich frech oder aufmüpfig oder schlecht vorbereitet gewesen wäre, aber ich hatte mich unterstanden, mein Studium in der RAVAG und, was noch schlimmer war, beim Sender Rot-Weiß-Rot zu finanzieren. Und der Herr Professor hat mich bestraft: Er gab mir, als ich das Reinhardt-Seminar verließ, in »Mikrophonsprechen« *keinen* Abschluß, was bedeutete, daß ich nicht entsprach! Zu der Zeit war ich schon wenigstens zwanzigmal für Geld vor dem Mikrophon gestanden ...

Und das kam so: Auf meiner ständigen Suche nach Jobs fing ich an, »Klinken zu putzen«. Ich dachte, in diesem großen Funkhaus müßte doch, zum Teufel, Geld zu verdienen sein. Ich fragte mich von Abteilung zu Abteilung durch: »Könnte ich vielleicht einmal probesprechen?« Ein paar Rollenbücher hatte ich natürlich immer – zufällig – mit. Aber ich kam nie dazu, eins aufzuschlagen. Überall hieß es: »Haben Sie die Abschlußprüfung von der Schauspielschule? Sind Sie fertige Schauspielerin?« Mein Gott, wann ist man fertig? Mit knapp siebzehn meint man natürlich, man sei es längst. Ich war stur. Ich sagte mir, es muß ja nicht die Maria Stuart sein, irgendeine Magd, ein Dienstmädchen werden die doch auch besetzen müssen. Aber nein, immer wieder sagten sie: »Kommen Sie wieder, wenn Sie die Abschlußprüfung gemacht haben.« Am liebsten hätte ich den Wichtigtuern in den diversen Abteilungen der RAVAG gesagt: »Wenn ich nix verdiene, dann gibt es auch keinen Unterricht und keine Prüfung!« Das habe ich mich aber doch nicht getraut. Einer scheint Mitleid mit der noch »unfertigen« Schauspielschülerin gehabt zu haben. Der hat mir geraten, es beim Fremdsprachenschulfunk zu versuchen. Warum nicht? Ich klemmte also statt der Rollenbücher englische Wälzer unter den Arm – am liebsten William Somerset Maugham, von dem gab es ja auch ein Stück, das »Theater« hieß – und wanderte zum »Schulfunk in fremden Sprachen«. Das Wunder geschah, ich durfte vorsprechen und bekam mein erstes Manuskript, »The ugly duckling«, »Das häßliche Entlein«. Ich habe bei meinem Radiodebüt mit knapp siebzehn Jahren gleich im »reiferen« Fach angefangen – als Entenmutter!

Wie oft bin ich seit damals die acht Stufen zum Funkhaus in der Argentinierstraße hinaufgestiegen! Die Portiers am Eingang haben gewechselt, die Direktoren, die Intendanten. Studios wurden umgebaut, bekamen neue Namen und die neuesten technischen Einrichtungen, aber immer noch gibt es welche, die keine wirklich schalldichten Türen haben, so daß man hören kann, wenn einer auf dem Gang hustet, während man vor dem Mikrophon ein besinnliches Goethe-Gedicht zum besten gibt ...

An Lyrik war in meiner Anfängerzeit natürlich nicht zu denken. Da hießen die Sendungen »We earn our living« (wie wahr!), »Travelling through America« oder »A fishing village in Cornwall« (was mag eigentlich Rosamunde Pilcher damals gemacht haben?). Und ich will nicht verschweigen, daß ich zuweilen auch die Wunschsendung »Ein Gruß an dich« gesprochen habe ... »Erbschleichersendung« nannte man sie hinter vorgehaltener Hand. Zu den am häufigsten gewünschten Musikstücken gehörte neben »Mamatschi« und »Vaterl, liebes Vaterl« auch der Gefangenenchor aus der Oper »Nabucco«.

Im Kabarett haben wir später einen herrlichen Wunschkonzerttext zur Verdischen Musik gesungen: »Weil die Tante Sophie heute Namenstag hat und dazu auch den achtzigsten Geburtstag, kommen wir mit einem Brieferl nach Heiligenstadt. Tante Sopherl, jetzt hören Sie uns aufmerksam zu ... Der Gefangenenchor aus dem ›Nabucco‹ ist so schön, und es geh'n so zu Herzen die Terzen ...«

Aber ich habe der Schmalzsendung »Ein Gruß an dich« auch etwas zu verdanken. Ich habe gelernt, wie man schwierige

polnische Orts- und Eigennamen richtig ausspricht. Wir mußten nämlich nach all den zuckersüßen Wünschen Suchmeldun-
gen vom Roten Kreuz verlesen. »Wer weiß etwas vom Gefreiten
Gerhard Müller, er wurde zuletzt gesehen in Wroclaw, in Bialy-
stock, in Rzeszów« oder so ähnlich ... Und der Chefsprecher
achtete streng darauf, daß uns keine falschen Aussprachen unter-
liefen.

1955 habe ich in der RAVAG eine große Chance bekommen,
wenn auch eine mit Stolpersteinen. Ich durfte bei der Wiedereröffnung unserer Oper für den Rundfunk tätig sein. Chef der
Live-Übertragung war der Starreporter Heinz Fischer-Karwin,
»F. K. 1000«, wie ihn seine Mitarbeiter halb ehrfürchtig, halb
ironisch nannten. Fischer-Karwin war sehr elegant, ein Gentle-
man vom Scheitel bis zur Sohle, allerdings weniger britisch,
mehr französisch ausgerichtet. Er hatte viele Jahre in Paris gelebt und von dort sehr schöne Reportagen nach Wien geschickt.
F. K. also bat mich eines Tages in sein Büro. Das allein ließ
einige seiner Reporter schon neidisch werden. Und als sie erst
erfuhren, daß ich, die ich eigentlich Schauspielerin war, ihnen
Konkurrenz machen sollte, da war's ganz aus. Nun war ich ja
nicht unerfahren; ich hatte damals schon eine Reihe von Atelier-
berichten für das Filmmagazin des Nordwestdeutschen Rund-
funks, Köln, gemacht, hatte Curd Jürgens und O. W. Fischer
interviewt, Louis Armstrong und sogar Fritz Kortner. Kortner
war gerade aus der Emigration zurückgekommen und drehte
in Wien einen »Sarajewo«-Film. Ich war gewarnt, alle hatten
Angst vor dem großen Theatermann, ich natürlich auch. Aber
als ich ihn mit meinem Mikrophon im Wien-Film-Atelier in
Sievering besuchte, war er so lieb zu mir wie der Wolf aus dem
Märchen, der gerade Kreide gefressen hat.

Fischer-Karwin ließ sich von meinen Erfahrungen berichten,
und dann fragte er mich, ob ich mit ihm zusammen die Wiedereröffnung der Wiener Staatsoper übertragen wollte. Mein Herz
fiel in die Hose. Aber natürlich sagte ich ja, und ich würde

20

Ein langes schwarzes Duchessekleid wurde angefertigt,
auf meine Kosten selbstverständlich,
elegant genug für den Anlaß, aber nicht zu auffallend ...
1955 als Reporterin bei der Wiedereröffnung
der Wiener Staatsoper

mich selbstverständlich bestens vorbereiten und ... im selben Moment dachte ich: »Was zieht man denn da an?«

Das war nicht irgendeine Reportage oder ein Bericht vom Opernball. Unsere Wiener Staatsoper, bei Kriegsende eine traurige Ruine, war endlich wiederaufgebaut worden! Die festliche Eröffnung kam einem Staatsakt gleich. Sie wurde als internationales Ereignis gefeiert! Das Fernsehen, das damals noch im Versuchsstadium steckte, übertrug zwar auch, aber davon nahmen nur wenige Notiz. Wichtig war der Rundfunk. Ich bekam einen Plan vom Zuschauerraum der Staatsoper, in dem auf jedem Sitz im Parkett und in den Logen der – natürlich prominente – Name des Karteninhabers eingetragen war. Und – o Wunder! – ich habe diesen Plan heute noch, trotz meiner vielen Umzüge, bei denen eine Menge verlorengegangen ist.

Proszeniumsloge, Parterre, rechts: Bruno Walter, Lotte Lehmann, Hilde Konetzni; erste Parterreloge rechts: Wolfgang Wagner, Gian-Carlo Menotti, Professor Clemens Holzmeister; zweite Loge links: Gottfried von Einem, Rolf Liebermann, Carl Orff; dritte Loge: Arturo Toscanini, Dimitrij Schostakowitsch, Caspar Neher usw., usw.

Politiker aus der ganzen Welt waren angereist, Wirtschaftsbosse, namhafte Künstler.

Ein langes schwarzes Duchessekleid wurde angefertigt, auf meine Kosten selbstverständlich, elegant genug für den Anlaß, aber nicht zu auffallend, schmale Träger, die Schultern nackt, lange Handschuhe (wie konnte ich nur in den Seidenhandschuhen mit dem Mikrophon und dem Notizblock zurechtkommen?). Von einem Kürschner lieh ich mir eine beinahe echte Nerzstola – Stola war damals für die elegante Dame ein *Muß*! Ich war für das große Ereignis, zumindest äußerlich, gerüstet.

Der Ablauf der Rundfunkübertragung war so geplant, daß

Fischer-Karwin vor Beginn der Galavorstellung von Beethovens »Fidelio« über den Einzug der Gäste berichten würde und über die Prominenten im Zuschauerraum. Ich sollte auf sein Zeichen »einsteigen« und weitermachen. Ich hatte fast den ganzen Zuschauerraum auswendig gelernt:

Loge eins, zweiter Rang, links: Oskar Kokoschka, rechts: Paula Wessely
Parkett, 1. Reihe: Bundeskanzler Ing. Julius Raab, Unterrichts-minister Dr. Drimmel, Handelsminister Dr. Illig ...

Ich war wirklich fleißig gewesen. Und ich bin ja keines von den Wunderkindern, wie sie heute in den Samstagabend-Fern-sehsendungen auftreten. Für mich war das harte Arbeit. Aber es kam nicht zu meinem »Einstieg«. F. K. war so sehr in sei-nem Element, daß er meine Anwesenheit glatt vergaß ...

Der Vorbericht war zu Ende. Es wurde dunkel im Zuschauer-raum. Die Brillantcolliers und -diademe blitzten nicht länger. Karl Böhm hob den Taktstock. »Fidelio«. Die Festgäste widme-ten sich mit mehr oder weniger Andacht der Beethovenschen Musik. Ich hatte bis dahin noch kein Wort ins Mikrophon gesprochen. Aber die Stolpersteine waren für mich im Pausen-foyer ausgelegt.

Laut Anweisung von Heinz Fischer-Karwin sollte ich in der Pause Werner Egk und Gottfried von Einem interviewen. Ich hatte mich auf die beiden berühmten Komponisten vorbereitet, als ob ich eine Maturaarbeit über sie schreiben sollte. Die zwei Herren kamen auch programmgemäß, von einem Assistenten zum Interviewplatz geleitet, aber F. K. »schnappte« sie sich und bedeutete mir, die beiden nächsten Prominenten zu interviewen, den Architekten Professor Clemens Holzmeister und den Kom-ponisten und Opernchef Rolf Liebermann. Beide waren mir ein Begriff, aber die hatte ich überhaupt nicht »gelernt«! Es war wie ein böser Traum ...

Schauspieler haben seltsamerweise alle ähnliche Alpträume: Man muß auf die Bühne, findet aber den Weg nicht, oder man tritt endlich auf, aber das Stichwort ist längst gefallen, oder man muß in einem Stück einspringen, kann aber keine Zeile Text, weiß nicht einmal, was das für ein Stück ist. Wie glücklich ist man, wenn man schweißgebadet aufwacht. Aber das war kein Traum, es gab kein Aufwachen! Ich mußte einfach, nachdem Fischer-Karwin mit »meinen« Herren Egk und Einem brillante Gespräche geführt hatte, zu fragen beginnen. Glücklicherweise fiel mir ein, daß Liebermann der Chef des neuen, modernen Opernhauses in Hamburg war. Also: Thema Akustik. Wie klingen die Geigen in Wien, wie in Hamburg ... Publikum, Preise da und dort ... irgendwie ist es weitergegangen. Worüber ich mit Professor Holzmeister gesprochen habe, weiß ich nicht mehr. Ich glaube aber, daß er mich damals ins Herz geschlossen hat. Wahrscheinlich habe ich ihm leid getan. Wann immer ich dem großen Architekten und Maler später wiederbegegnet bin, ob im Salzburger Festspielhaus, das er gebaut hat, oder in einem Landgasthaus in Anif, er hat mich immer umarmt wie eine Tochter, und manchmal haben wir uns auch an die Wiedereröffnung der Wiener Oper erinnert.

Mit Fischer-Karwin habe ich viele Jahre kein Wort gesprochen. Ich habe ihn also auch nie fragen können, warum er mir damals *meine* Gesprächspartner weggenommen hat. Und als ich ihn viele Jahre später wiedertraf – ich lebte längst nicht mehr in Wien, war nur zu Besuch in meiner Heimatstadt –, da war er ein alter Mann geworden. (Er hatte allerdings eine sehr schöne junge Ehefrau, die wunderbare Tänzerin Marialuise Jaska, an seiner Seite.) Wir freuten uns über das unerwartete Wiedersehen, und natürlich ist kein Wort über die Geschehnisse am 5. November 1955 gefallen.

Der nächste RAVAG-Termin, den ich nicht vergessen werde, war der 8. April 1957, als ich eine Sendung namens »Autofahrer unterwegs« aus der Taufe gehoben habe. Die Zahl der zuge-

Worüber ich mit Professor Holzmeister gesprochen habe,
weiß ich nicht mehr. Ich glaube aber,
daß er mich damals ins Herz geschlossen hat.
Wahrscheinlich habe ich ihm leid getan.
Mit Clemens Holzmeister im Pausenfoyer der Staatsoper

lassenen Personenkraftwagen war enorm angestiegen, der Verkehr war dichter geworden. Wer ein Auto hatte, *mußte* ein Autoradio haben, fand zumindest die Industrie, und die Firma Philips plante eine Werbesendung. Aus irgendeinem Grund kam sie nicht zustande, aber die Unterhaltungschefs in der RAVAG hatten Gefallen an der Idee gefunden und wollten sie nun selber produzieren – ohne Reklame.

Da saß ich nun wieder in einem Chefbüro und ließ mir erzählen, was man von mir erwartete: Ich sollte das Programm mit dem hübschen Titel »Autofahrer unterwegs« täglich von zwölf bis eins moderieren (nein, das hat man damals noch nicht gesagt, »ansagen?«, nein, »präsentieren« vielleicht), und die Musik sollte ich am besten auch selber aussuchen.

Das schien mir zuviel auf einmal. Ich spielte ja auch jeden Abend Kabarett. Ich entschied mich für drei Mal pro Woche und schlug Emil Kollpacher, einen Sprecher des Hauses, der Spaß an Jazz und guter Musik hatte, für die anderen drei Tage vor. Die Musik hat Walter Phillip mit viel Liebe und Geschmack zusammengestellt. In den Anfangszeiten brachte die Autofahrer-Sendung ein Musikprogramm wie der junge Sender Ö3. Der Posteinlauf war enorm, man schrieb mir ein Liedchen »Autofahrer unterwegs«, eine Schallplatte wurde davon produziert. Eineinhalb Jahre habe ich die Sendung gemacht, dann änderte sich ihr Stil, sie wurde mit Werbung durchsetzt – ich stieg aus. Aber das alles hat ihrer Popularität nicht geschadet. Und jetzt steht sie im »Guinness-Buch der Rekorde«. Welche Radiosendung konnte bisher schon ihren vierzigsten Geburtstag feiern!

Um dieses Radio-Kapitel abzuschließen, muß ich einen Sprung aus den fünfziger Jahren hinaus machen. 1967 war nach langem politischem Gerangel endlich aus der alten RAVAG der »Österreichische Rundfunk« geworden.

Ich hatte wieder geheiratet, lebte mit meinem Mann, Heinz Wilhelm Schwarz, in Köln und war dort oft im Hörspielstudio tätig, allerdings fast nie mit ihm gemeinsam. Er fand

Wir hatten uns bei einem Hörspiel kennengelernt,
bei einem Stück, für das er mich eigentlich
gar nicht haben wollte ... Aber das ist eine andere Geschichte.
Mit Heinz Wilhelm Schwarz
bei der Arbeit an der »Martini-Show«

solche »Familienproduktionen« nicht gut, und ich war ganz seiner Meinung. Aber wir hatten uns bei einem Hörspiel kennengelernt, bei einem Stück, für das er mich eigentlich gar nicht haben wollte … Aber das ist eine andere Geschichte. Zurück nach Wien. Dort hatte Gerd Bacher, den ich von den Kabarett-Zeiten her kannte, eine große Reform zuwege gebracht. In Köln konnte ich zwar keine österreichischen Sender empfangen, aber ich hatte viel über diesen neuen »Österreichischen Rundfunk« gelesen, besonders über Ö3, die junge, selbstbewußte, erfolgreiche Welle, deren Stil später von vielen deutschen Dritten Programmen kopiert wurde.

Im Herbst 1968 erreichte mich in Köln ein Anruf aus Wien, ein Angebot, eine wöchentliche Sendung für Ö3 zu gestalten, »Mittags Martini« sollte sie heißen und an jedem Sonntag um 12 Uhr laufen. Ich wandte ein, daß ich ja in Köln lebte. Das wäre kein Problem, hieß es. Ich könnte die Sendung immer am Montag produzieren, und sie würde via IPA (Internationaler Programmaustausch) per Luftfracht nach Wien transportiert werden.

Und so geschah es. Ich habe damals überlegt, für wie viele Sendungen ich zusagen sollte – zehn, dachte ich. Sechshundertsechs sind daraus geworden.

Die Sendung wurde »mein Kind«, ein Schauspielerkind, das mich überallhin begleitet hat. Wo immer ich gespielt oder fürs Fernsehen gedreht habe, habe ich überlegt, was kann man für die Sendung verwenden, was gibt's für interessante Leute zu entdecken, wo kauft man Bücher und Platten, die es bei uns noch nicht gibt; das war in New York, in London, in Berlin, in Paris, in Budapest und auch in Manaus, Brasilien. Dort habe ich übrigens in einem Plattengeschäft, das ich mit viel Mühe und ohne Portugiesischkenntnisse ausfindig gemacht hatte, eine LP gesehen mit dem Titel »Wenn der Toni mit der Vroni!«. Mitten in Brasilien! Und lang vor dem Siegeszug des »Musikantenstadl« …

Ich habe meine »Martini-Cocktails« in Köln gemixt, in Hamburg, in München, in Salzburg, und ab und zu auch in Wien, siebzehn Jahre lang. In der Zeit ist viel Wasser die »blaue« Donau hinuntergeflossen, ich habe viele musikalische Strömungen miterlebt und einige Chefs überlebt, aber nicht als Fels in der Brandung, eher als Ein-Mann-Floß, von dem man erwartet, daß es Kurs hält. Und das hat es auch getan. Und mein »Kind« hat mir viele andere »Kinder« beschert. Der Kreis der vornehmlich jungen Hörer, die mir regelmäßig geschrieben und mich mit Anregungen versorgt haben, ist im Laufe der Jahre immer größer geworden. – Als ich mich vom »Martini-Cocktail« verabschiedet habe, weil mich der Hauptberuf, die Schauspielerei, in Deutschland zu sehr beansprucht hat, war das ein wohlüberlegter Schritt – mein Motto war immer der schöne Satz, den Hugo von Hofmannsthal der Marschallin im »Rosenkavalier« in den Mund gelegt hat: »Jedes Ding hat seine Zeit.«

Rot-Weiß-Rot

*Der junge Radiosender – Sprungbrett für viele · Mit dem
Staatsvertrag war alles zu Ende*

Den Sender Rot-Weiß-Rot haben uns die Amerikaner nach dem
Krieg sicher nicht aus reiner Menschenliebe geschenkt. Er war
ein ausgezeichnetes Propagandainstrument. Aber daran habe
ich damals nicht gedacht. Besonders wir Jungen waren froh,
einen Sender zu haben, der so ganz anders klang als die alt-
backene RAVAG. Wenn ich mich heute an Rot-Weiß-Rot erinnere, wird mir immer noch warm ums Herz. Kein imposantes
Funkhaus, kein livrierter Portier, der einem den Eintritt ver-
wehrte. Im ersten Stock einer Krankenversicherung waren vier
Studios installiert worden. Was hatte nicht noch alles auf der
einen Etage Platz! Büros, das Schallarchiv mit Platten und
Bändern, die Hauptkontrolle, die technische Seele des Senders,
und ein kleiner Haufen ambitionierter junger Leute, die unbüro-
kratisch Programm machten. Hier habe ich Rundfunk von der
Pike auf gelernt.

Ich habe in Hörspielen und Kabarettsendungen gespielt,
Kinder- und Bauernfunk gesprochen, und als man mich eines
Tages fragte, ob ich »conférieren« könnte, habe ich auf jeden
Fall ja gesagt. Dann überlegte ich, was so ein »Conférencier«
zwischen Schallplatten erzählt, und sprach vor. Man hatte ja
die tollen Vorbilder vom amerikanischen Militärsender BDN.
Aus geplanten vier Sendungen »Sag es mit Musik« wurden un-
gezählte Plaudereien. Oft live, mittags, nachmittags und nachts.
»Wie schön, daß morgen Sonntag ist« hieß eine Sendung, die
lange Zeit an jedem Samstagabend von dreiundzwanzig bis

Hier habe ich Rundfunk von der Pike auf gelernt.
Mit Alfred Hartner, dem späteren ORF-Hörfunkintendanten, im
Rot-Weiß-Rot-Studio

... und als man mich eines Tages fragte, ob ich »conférieren«
könnte, habe ich auf jeden Fall ja gesagt.
Luise ohne O legt bei der Wiener Messe auf (1951)

vierundzwanzig Uhr gelaufen ist. Wir spielten gute Platten, keine Schnulzen, die Hörer mochten die Sendung, und wir bekamen sehr viel nette Post.

Einmal fand ich in dem Posthaufen ein Päckchen mit einem Magnetophonband und einem besonders netten, höflichen Begleitbrief von einem jungen Mann aus Kärnten. Er schrieb mir, er sei neunzehn Jahre alt, und er habe die beiliegende Aufnahme, seine erste, beim Sender RIAS in Berlin gemacht. Er hoffe, daß sie mir gefalle und ich sie vielleicht in der Sendung bringen könnte. Die Produktion war ausgezeichnet. Der junge Mann spielte brillant Klavier. Natürlich haben wir die Aufnahme gesendet, und ich habe von der jungen österreichischen Begabung erzählt, die Udo Jürgen Bockelmann hieß. Den Zunamen hat er abgelegt, als er zu singen angefangen hat. Und an den Jürgen hat er ein »s« angehängt. Das war das österreichische Radiodebüt von Udo Jürgens. Er ist übrigens bis heute ein besonders netter Kerl geblieben, ohne alle Starallüren, und wenn wir uns jetzt wieder treffen oder gemeinsam vor der Kamera stehen, dann freuen wir uns beide und denken an alte Zeiten.

Von unseren amerikanischen Bossen habe ich einige noch gut in Erinnerung. Mr. Green zum Beispiel, der so gerne Hammond-Orgel gespielt hat. Auf seine Veranlassung wurde in unserem größten Studio eine Orgel installiert und bald das Rot-Weiß-Rot-Orgel-Sextett gegründet, mit den besten Wiener Jazzmusikern. Heinz Neubrand spielte Orgel, Heinz Hruza saß am Klavier. »Sag es mit Musik« lief jede Woche, und jedes Mal trat ein anderer Gast auf. Lauter Sängerinnen und Sänger, die sich freuten, mit so fabelhaften Musikern arbeiten zu können und keine blöden Tagesschlager singen zu müssen, sondern schöne amerikanische Songs von George Gershwin und von Cole Porter und von Irving Berlin ...

Eines Tages erschien ein großer, fescher junger Mann im Studio. Ich kannte ihn flüchtig, er war ab und zu ins Reinhardt-

Seminar gekommen, das er ein paar Jahre vor mir absolviert hatte, und hatte uns Studenten mit köstlichen Blödeleien am Klavier unterhalten. Ich fragte ihn, was er denn in der Sendung machen wolle, Parodien? »Nein«, antwortete er schüchtern, »ich sing'«, und das tat er. Und erst spitzten die Musiker im Studio die Ohren, dann tauchten immer mehr Gesichter im Technikraum hinter der Glasscheibe auf und staunten: »Der hat ja Stimme!« Das war das Rundfunkdebüt von Peter Alexander. Bald hat er nicht mehr mit unserem Orgel-Sextett gesungen, sondern nur noch mit dem großen Rot-Weiß-Rot-Tanzorchester unter Karl Loubé, und der Erfolgsproduzent Gerhard Mendelsohn nahm ihn unter Vertrag, und eine lange und große Karriere begann. Ich hab' ihn noch oft angesagt, auch an dem Tag, als er im dunkelblauen Anzug im Studio erschien und es sichtlich eilig hatte. Aber wie's der Teufel wollte, hat es erst mit den Musikern nicht gleich geklappt, dann mit der Technik. Peter Alexander wurde nervöser und nervöser. Wie mir viel später seine Frau Hilde erzählte, wartete sie ebenso ungeduldig auf dem Standesamt, ließ ein Paar nach dem anderen zur Trauung vor, wurde vom Standesbeamten immer wieder getröstet: »Machen Sie sich keine Sorgen, er kommt bestimmt!« Natürlich kam er und blieb. Was wäre Peter Alexander, was wäre aus seiner Karriere geworden, ohne seine Hilde.

In dem Studio D, unserem größten, auf das wir sehr stolz waren, wurden aber nicht nur leichte Musiksendungen und Jazz produziert, sondern auch Hörspiele. Ich hatte die Ehre, mit vielen Großen der Wiener Theater vor dem Mikrophon zu stehen, mit Raoul Aslan und Albin Skoda, mit Maria Eis und Alma Seidler. Ich habe die zarte kleine Abigail in »Das Glas Wasser« von Eugène Scribe gespielt, die Luise – diesmal ohne o – in Schillers »Kabale und Liebe«, aber auch die deftige Resi in »Hofrat Geiger«, mit dem wunderbaren Alfred Neugebauer in der Titelrolle.

Auch er gehört zu den unvergessenen Lehrern aus meiner

*In dem Studio D, unserem größten, ... wurden aber nicht
nur leichte Musiksendungen und Jazz produziert,
sondern auch Hörspiele. Ich hatte die Ehre, mit vielen Großen der
Wiener Theater vor dem Mikrophon zu stehen ...*
1951 bei der Aufnahme des ersten großen Hörspiels
des Senders Rot-Weiß-Rot

Reinhardt-Seminar-Zeit. Von Neugebauer lernten wir den leichten Konversationston, den er so unvergleichlich beherrschte. Er konnte Pointen »fallenlassen« wie kaum ein anderer. Und gerade weil sie scheinbar weggeworfen wurden, kamen sie besonders gut an. Aber Alfred Neugebauer hatte noch eine andere, besondere Begabung. Er sprach siebzehn Wiener Dialekte! Vom hoch-aristokratischen über das nicht ganz so feine Graf-Bobby-Wienerisch bis zum Jargon der Fiaker und der Wasserer. Wer erinnert sich heute noch an diesen Beruf! Die Wasserer warteten beim Hydranten auf die Fuhrwerke, um die Pferde zu tränken. Meist trugen sie Flinserln im Ohr und hatten ein verbeultes Blechreindl am Gürtel befestigt. In diesen Gefäßen sammelten sie in den umliegenden Wirtshäusern den »Bierhansl« ein, die Resteln und das, was beim Einschenken danebengeschüttet wurde.

Generationen von Reinhardt-Seminaristen waren fasziniert, wenn Professor Neugebauer, der Meister des kultivierten leisen Dialogs, wieder einmal seine Stimme auf Wasserer stellte.

»Hasrig (heiser) war'n s' alle«, sagte er immer.

Alfred Neugebauer also spielte den Hofrat Geiger. An die weitere Besetzung kann ich mich nicht mehr so genau erinnern. Ich weiß nur, daß ich am ersten Tag der Produktion etwas aufgeregt war. Nicht wegen der Resi, die ich darzustellen hatte, sondern weil ich unbedingt früher weg mußte. Der Aufnahmetermin im Rot-Weiß-Rot-Studio in der Seidengasse im siebenten Bezirk ging bis vierzehn Uhr. Und genau um diese Zeit hatte ich im achten Bezirk in der Lange Gasse im Mädchen-Realgymnasium zu erscheinen, zur schriftlichen Deutsch-Matura.

Seidengasse 13 war die Adresse, zu der ich fast täglich gepilgert bin, wo ich mehr zu Hause war als in meinen Untermietzimmern. Meine Eltern und meine beiden jüngeren Brüder wohnten auch immer noch in Untermiete, seit 1945, seit unsere Wohnung während des Kampfs um Wien ausgebrannt war. Man hatte uns damals in eine leerstehende Wohnung »eingewiesen«.

Frau Th., die Dame, der die Wohnung gehörte, war wie so viele vor den Russen geflüchtet. Als sie 1947 nach Wien zurückkam, mußten wir Küche und Bad räumen und lebten nun zu fünft in zwei Zimmern. Gekocht wurde auf einem Petroleumofen im Zimmer.

Vor dem Wohnungsamt in der Bartensteingasse standen die Menschen Schlange, nur, um sich als Wohnungssuchende eintragen zu lassen. Die Aussicht, eine Wohnung zu bekommen, war gleich Null. Frau Th. gelang es nach jahrelangem Kleinkrieg, Eigenbedarf geltend zu machen, und meine Familie sollte »delogiert« werden. Ein schreckliches Wort, heute kaum noch in unserem Sprachgebrauch. Delogieren heißt: zum Auszug veranlassen, vertreiben. Delogierung: Zwangsräumung. Das also sollte im Frühjahr 1953 (acht Jahre nach Kriegsende!) mit meiner Familie geschehen, mit meinem Vater, der schwer krank war, meiner Mutter und meinen Brüdern, elf und dreizehn Jahre alt. Ich fragte beim zuständigen Amt nach, wohin meine Leute denn gehen sollten. »Ihr Vater kommt ins Krankenhaus, die Buben in ein Heim, die Möbel in ein Depot, und Ihre Mutter wird schon irgendwo übernachten können.« Der »Mut der Verzweiflung«, wie es so schön heißt, machte mich stark. Einen Tag vor dem Delogierungstermin stieg ich nicht in den ersten Stock im Haus Seidengasse 13, ich betrat zum ersten Mal das Nebenhaus, Nummer 11, wo die hohe amerikanische Direktion saß. Mr. Taylor, das wußte ich, war unser oberster Boß. Ich hatte ihn ein-, zweimal flüchtig im Studio gesehen. Zu ihm hatte ich Vertrauen, ich weiß nicht, warum. Ich bat seine Sekretärin um einen dringenden Termin. Nein, nicht nächste Woche, auch nicht übermorgen, sondern jetzt, gleich. Das Wunder geschah: Man ließ mich vor. Und nun schüttete ich meine Sorgen vor dem lieben, mächtigen, weißhaarigen Boß aus. Sein Deutsch hatte einen starken Akzent, aber er verstand mich genau. Er sagte nicht viel. Er griff zum Telephon und rief den Bürgermeister an, schilderte ihm die Situation. Es war ein langes

Gespräch, und Mr. Taylor wurde wohl mehrere Male weiterverbunden. Er blieb ruhig und geduldig. Am Ende sagte er mir, ich solle mich nun nicht mehr aufregen. Morgen früh um acht Uhr würde man mich im Wohnungsamt in der Bartensteingasse, Zimmer soundso, erwarten. Meine Eltern würden eine Wohnung bekommen. Daß ich nicht über den mächtigen Schreibtisch gesprungen und Mr. Taylor um den Hals gefallen bin, wundert mich noch heute.

Ins Haus Seidengasse Nummer 11 bin ich nie mehr gegangen. Der Respekt vor den Wunder wirkenden Amerikanern ist aber geblieben. Dort oben saßen übrigens auch die Leute vom »Script department«, Dramaturgie würden wir heute sagen. Sie redigierten die Manuskripte und schrieben auch eigene Stücke und Serien, wie zum Beispiel die erste »Radiofamilie«. Wenn man heute den Namen dieser kleinen Gruppe liest, tut man es mit Ehrfurcht und Wehmut. Die Dichterin Ingeborg Bachmann war dabei und Jörg Mauthe und Peter Weiser ...

Mein Sender Rot-Weiß-Rot brachte mir auch die erste Einladung von einer großen deutschen Sendeanstalt. Heute hören und sehen wir Tag für Tag Korrespondentenberichte vom anderen Ende der Welt und denken uns nichts dabei. 1953 kam es einem wie ein Wunder vor, wenn zwei oder gar mehrere Sender für eine Live-Sendung im Radio zusammengeschaltet waren. Duplex- oder Multiplexsendungen nannte man sie stolz. Unsere Stationen hatten sicher nicht genug Geld für diese komplizierten und teuren Leitungen. Aber der Sender in Köln, damals noch NWDR (Nordwestdeutscher Rundfunk) war »reich«. Der hatte weitaus mehr zahlende Hörer als Österreich Einwohner. Köln also lud uns vom Sender Rot-Weiß-Rot zu der Multiplexsendung »Musik kennt keine Grenzen« ein, und ich sollte die Sprecherin in Wien sein.

Vor der Live-Sendung konnten wir uns über die Telephonleitung unterhalten. »Wie geht's denn so in Wien?« – »Und in Köln?« – »Wie ist das Wetter?« Blablabla, bevor es ernst wurde und die Sendung, die im ganzen deutschsprachigen Raum zu hören sein würde, losging. Ich habe sicher auch so eine intelligente Frage gestellt:»Wie sieht's denn in Köln aus?«Darauf sagte die sympathische Stimme am anderen Ende der Leitung:»Kommen Sie doch mal, und schauen Sie sich's an!«

Wie sich herausstellte, war das nicht Blabla, sondern eine offizielle Einladung. Ein paar Wochen später fuhr ich mit dem Zug nach Köln. Viele, viele Stunden dauerte die Reise, aber es war aufregend. Und als ich endlich am Kölner Hauptbahnhof ausstieg und dachte, jetzt siehst du die berühmte Stadt am Rhein, da sah ich Ruinen, Ruinen, Ruinen. Es war fünf Jahre nach der Währungsreform, mit der es rapide aufwärtsging in Deutschland. Aber so viele Trümmer wie in Köln ließen sich nicht so schnell wegräumen.

Das Funkhaus am Wallrafplatz war neu. Ich glaube, es war gerade ein Jahr alt. Imponierend, ein großes Foyer, daneben ein eleganter Teeraum, eine gewundene Freitreppe mit einem riesigen bunten Glasfenster dahinter, und was mir besonderen Eindruck gemacht hat: der Paternoster, holzgetäfelt! Den gibt's immer noch! Das Funkhaus am Wallrafplatz, gleich beim Kölner Dom, hat man inzwischen teilweise entkernt und innen neu gestaltet. Die Fassade steht unter Denkmalschutz, Bauwerk fünfziger Jahre!

1953 war ich zum ersten Mal in diesem imposanten Funkhaus zu Gast, und ich durfte auch sofort tätig sein. Zusammen mit Werner Höfer, dem späteren Intendanten des WDR, der damals Chefredakteur war und Moderator des legendären Sonntag-Frühschoppens, habe ich die Sendung»Die Stadt unserer Träume – Wien, nicht ganz wörtlich genommen«geschrieben und gesprochen. Ich weiß noch, daß ich nach dieser Sendung (vor der ich schrecklich Bauchweh hatte, mit dem großen Höfer ...) offiziell eingeladen war und mich auf ein Glas von dem berühmten Rheinwein gefreut habe. War das eine Enttäuschung! Für meine Zunge, der der Grüne Veltliner aus der Wachau schmeckte, war der Rheinwein – der schon ausgesehen hat wie Pipi-Wasser – sauer, sauer, sauer ...

Ich kam nach Wien zurück und hatte den Auftrag, regelmäßig »Wiener G'schichten« für Köln zu produzieren und Film-Reportagen für das NWDR-Filmmagazin zu machen. Alles dank »Musik kennt keine Grenzen«.

1954 tauchten bei mir zu Hause seltsame Figuren auf, die mir noch seltsamere Fragen stellten. Die konnte man alle auf einem riesigen Formular nachlesen. »Hautfarbe«, zum Beispiel, oder: »Haben Sie vor, den Präsidenten der Vereinigten Staaten zu stürzen?« Auch meine Hausbesorgerin haben sie nach mir ausgefragt. Was war geschehen? Der Sender Rot-Weiß-Rot hatte vor, mich fest anzustellen. Und dazu brauchte es ein sogenanntes CIC-Clearance. Aber es kam nicht mehr dazu. Denn im Jahr darauf geschah das Wunder. Am 15. April 1955 traf die österreichische Delegation mit Bundeskanzler Julius Raab und Außenminister Leopold Figl an der Spitze aus Moskau kommend in Wien ein und brachte die Nachricht mit: »Wir werden frei sein ...« Nach langen Verhandlungen sollte Österreich den Staatsvertrag bekommen. Eine köstliche Karikatur machte weltweit die Runde. Raab im Kreise der zu Tränen gerührten Sowjetbonzen, singend und Zither spielend, Figl flüstert ihm ins Ohr: »Und jetzt, Raab, jetzt noch d' Reblaus [›Die Reblaus‹, *ein bekanntes Wiener Heurigenlied*], dann san s' wach [*dann sind sie weich*]«.

Am 15. Mai 1955 setzte im Schloß Belvedere der sowjetische Außenminister Molotow als erster seine Unterschrift unter den Staatsvertrag, danach sein britischer Kollege Macmillan, der amerikanische Außenminister Dulles, der französische Pinay, und schließlich der österreichische Leopold Figl. Tausende Wiener jubelten den Mächtigen auf dem Balkon des Belvedere zu. Wien hatte sein erstes Verkehrschaos.

Bis zum Oktober 1955 sollten die Alliierten abgezogen sein, und das bedeutete auch, daß mein geliebter Sender Rot-Weiß-

»Und jetzt, Raab, jetzt noch d'Reblaus, dann san's wach.«
Karikatur zu den Staatsvertrags-Verhandlungen

Rot aufhören würde zu existieren. Es war damals, als hätte man mir meine Familie weggenommen, nicht nur die Arbeit vor dem Mikrophon und meine Einkünfte.

Viele, viele Jahre später mußte ich in einem Buch über den »Kalten Krieg und die Medien« lesen, daß mein Sender Rot-Weiß-Rot schwarze Listen aufgelegt hatte. So hieß es zum Beispiel in einer vom 13. Jänner 1954: *Vertraulich!* In der Folge waren die Namen einer Anzahl von Persönlichkeiten aufgeführt, die bei Rot-Weiß-Rot bis auf Widerruf nicht beschäftigt werden durften. Auf der Liste standen: Marianne Schönauer, Karl Paryla, Johannes Heesters, Christl Mardayn, Rudolf Schock, Professor Bernhard Paumgartner, die Sängerin Margarethe Klose und der Dirigent Erich Kleiber (der Vater von Carlos Kleiber), von dem ausdrücklich keine Industrieschallplatten gespielt werden durften, also auch seine grandiose »Rosenkavalier«-Einspielung nicht, mit den Wiener Philharmonikern mit Maria Reining, Hilde Güden, Sena Jurinac, Anton Dermota – die Produktion, die mit dem »Grand Prix du disques« ausgezeichnet worden war und mit dem Deutschen Schallplattenpreis. Sie alle, hieß es in der schwarzen Liste weiter, hätten aus Mangel an Rückgrat oder aus Unverständnis ihr Können in gegen Österreich (!) gerichtete Dienste gestellt.

Unterschrieben vom österreichischen Direktor des Senders Rot-Weiß-Rot.

Bis zum Oktober 1955 sollten die Alliierten abgezogen sein,
und das bedeutete auch, daß mein geliebter
Sender Rot-Weiß-Rot aufhören würde zu existieren.
Es war damals, als hätte man mir meine Familie
weggenommen ...
Die letzte Sendung von Rot-Weiß-Rot
(mit Karl Loubé, dem Leiter des RWR-Tanzorchesters)

Der amerikanische Traum

Freiheit · Wohlstand für alle · Demokratie · Glenn Miller ·
Musical · Traumfabrik

Amerika, das bedeutete für uns nach dem Krieg Freiheit, Wohlstand für alle, Demokratie, aber auch Candy, Chocolate und Chesterfield, Tommy Dorsey, Harry James und Glenn Miller. Miller vor allem. Was hatte diese Band für einen wundervollen Sound! »Das ist der Bläsersatz!« hat mir einer erklärt, der es ganz genau wußte. »Fünf Saxophone, eine Klarinette, vier Posaunen, drei Trompeten.« Der Chef selber spielte Posaune. Das hatten wir ja im Kino gesehen, in »Adoptiertes Glück«, in der Originalfassung hieß der Film »Sun Valley Serenade«. Wie oft habe ich ihn gesehen, aber nicht wegen der Hauptdarstellerin, der weltmeisterlichen Eiskünstlerin Sonja Henie. Die drehte brav ihre Runden auf dem Eis, aber um sie herum hatte man eine hinreißende Revuehandlung gebaut, mit herrlichen Sängern und Tänzern, und die ganze Miller-Band spielte mit.

Er war ein fescher Mann, der Captain Glenn Miller, ein amerikanischer Held. Das hatte man sich früher nicht vorstellen können, daß eine Armee mit Swing-Musik in den Krieg zieht. 1944 ist der Captain von einem Truppenbetreuungsflug nicht zurückgekehrt.

Aber die Legende Miller lebt heute noch, mehr als ein halbes Jahrhundert danach. Immer noch ziehen Bands um die Welt und spielen die Original-Miller-Arrangements, fünf Saxophone, eine Klarinette, vier Posaunen, drei Trompeten. Dazu Klavier und Rhythmus natürlich, eine stattliche Besetzung.

Bis vor kurzem dachte ich, das ist wohl auch so eine müde

Nostalgieangelegenheit, die halt immer noch ihr Publikum findet! Und dann habe ich die österreichische Swing Time Big Band erlebt, und die Burschen waren fabelhaft. Sie alle, die lang nach Millers Tod geboren wurden, haben diese Musik authentisch gespielt, swingend, als wenn der Meister persönlich mit ihnen in den vierziger Jahren geprobt hätte. Einige von ihnen hatten ihre langen Haare zu einem Zöpfchen zusammengebunden. Sie trugen täuschend echte khakifarbene amerikanische Militäruniformen, die Schiffchen keck auf der Zöpfchenfrisur, es sah schon komisch aus, und sie spielten »Moonlight Serenade«, »Little Brown Jug«, »American Patrol«, »Chattanooga Choo Choo«, und »In the Mood« natürlich auch. Und eine ausgezeichnete junge Gesangsgruppe sang wie einst die »Modernaires«. Und es waren nicht nur Altspatzen (oder Oldies oder Grufties) im Publikum, sondern auch viele im Alter der Musiker. Swing ist in, nach Bill Haley und Elvis Presley und den Beatles, man glaubt es nicht.

Aber drehen wir die Zeit wieder zurück. Ich erinnere mich noch sehr deutlich an eine Party. Das war auch so ein neues Modewort, das uns Jungen gefiel, unseren Eltern aber nicht ganz geheuer vorkam. Als Gymnasiastin durfte ich zu »so was« natürlich nicht gehen. Was tun? Notlügen. Offiziell ging ich in eine Vorstellung des Theaters der Jugend. Ich besorgte mir ein Theaterprogramm, das ich später wie zufällig aus meinem Täschchen fallen ließ. Natürlich mußte ich wissen, wann die Vorstellung zu Ende sein würde. Und dann endlich auf zur Party. Was für ein Aufwand! O ihr Teenies heute, wie habt ihr's doch leichter! Ich glaub' nicht, daß es dort irgend etwas zu trinken gab, und Sexorgien haben bestimmt auch nicht stattgefunden. Aber getanzt haben wir bis zum Umfallen. Bei der Party, an die ich mich gerade erinnert habe, war eine einzige Platte vorhanden, und die wurde unentwegt umgedreht. »In the Mood« auf der einen Seite und »Chattanooga Choo Choo« auf der anderen, mit Glenn Miller natürlich.

Hinter der Oper, neben dem Hotel Sacher, Ecke Kärntner Straße–Philharmonikerstraße, war das amerikanische Information Center mit einer gut bestückten Bibliothek, amerikanischen Zeitungen und Magazinen. Man durfte stundenlang sitzen und schmökern, man konnte die Bücher auch ausleihen, gratis. Ich habe damals viel gelernt, weil ich mich gezwungen habe, Englisch zu lesen. So habe ich John Steinbeck für mich entdeckt, William Saroyan. Ich habe aber auch deutsche und österreichische Dichter in englischer Übersetzung kennengelernt. Die»Schachnovelle«von Stefan Zweig zum Beispiel habe ich als»The Royal Game«gelesen.

Wir hörten den amerikanischen Soldatensender BDN, den Blue Danube Network, und bald konnten wir die Schlager mitsingen. Der BDN mit seinen lockeren Ansagern hatte all die Platten, die es bei uns noch lang nicht zu kaufen gab. Auch sogenannte V-Discs, das waren riesige Scheiben, Durchmesser etwa fünfzig Zentimeter, die speziell für die Armee hergestellt worden waren, und auf so einer V-Disc hörte ich zum ersten Mal ein Musical!

Das war etwas! So etwas können nur die Amerikaner, dachte ich. Die Schauspieler müssen singen und tanzen können, aber nicht so wie in der Operette, die ich gerade im Raimundtheater gesehen hatte,»Der fidele Bauer«.»Heinerle, Heinerle, hab' ka Geld!«hat den Teenager (nein, Backfisch hieß es damals) nicht vom Sessel gerissen, aber»There's no business like show business«, das war's.

Der eben aus den Vereinigten Staaten zurückgekehrte Marcel Prawy präsentierte im USIS-Theater, das die Amerikaner in einem Kino eingerichtet hatten, Ausschnitte aus Musicals. Dann, 1952, die Sensation: George Gershwins»Porgy and Bess«wurde eine ganze Woche lang in einer glanzvollen amerikanischen Besetzung an der Wiener Volksoper gespielt. Ich weiß nicht mehr, wie ich es angestellt habe, an Karten zu kommen. Ich weiß nur, daß ich eine ergattert habe, für eine Nachmittagsvorstellung. Abends konnte ich nicht gehen, weil ich gerade Theater spielte, in den Kammerspielen, eine Komödie mit Leopold Rudolf. Der »Poldo« Rudolf war so ein wunderbarer Schauspieler und auch ein lieber Kollege, daß ich aus lauter Verehrung gar nicht sehr gut gewesen sein kann. Das Stück in den Kammerspielen ist mit Recht längst vergessen. An das »Porgy and Bess«-Gastspiel werden sich sicher noch viele erinnern. Mir haben damals meine mittelmäßigen Englischkenntnisse zu einer tollen Begegnung verholfen. Der Chefsprecher des Senders Rot-Weiß-Rot, Graf Schönfeld (als Quizmaster nannte er sich später Rudolf Hornegg), sollte den Hauptdarsteller von »Porgy and Bess«, William Warfield, vom Hotel Bristol zum Interview abholen. Ich hatte die Ehre, im eleganten Dienstwagen (Chrysler oder Buick oder gar Cadillac?) mitzufahren. William Warfield setzte sich vorne neben Schönfeld. In den geräumigen Fond kletterte ein schmales, frierendes schwarzes Mädchen, Warfields Frau, wie es hieß. Sie war die erste Besetzung der »Bess«, die natürlich die Abendvorstellungen singen durfte. Während der kurzen Fahrt vom Hotel Bristol zum Sender Rot-Weiß-Rot versuchte ich, mit ihr ins Gespräch zu kommen. (»Mach ein bisserl Konversation«, hatte mir Schönfeld aufgetragen.) Ich sagte, daß wir alle uns sehr auf das Gastspiel freuten und daß ich es bedaure, sie nicht als »Bess« auf der Bühne bewundern zu können, weil ich abends Theater spiele. »Oh, you are an actress!«, sagte sie höflich. Ich antwortete wahrheitsgemäß: »I am just a beginner!« Darauf die zierliche junge Dame charmant: »Oh, I am a beginner myself!« Der Name der »Anfängerin« war Leontyne Price, und Gershwins »Bess« war der Start zu einer phänomenalen internationalen Opernkarriere.

Wie die zweite Besetzung der Bess geheißen hat, die ich in der Nachmittagsvorstellung gesehen habe und die auch wundervoll gewesen ist, weiß ich nicht mehr. Unvergessen ist mir der

Darsteller des Verführers »Sportin' Life«. Was heißt Darsteller! Sänger, Tänzer, Musiker, einmalige Bühnenerscheinung, das war er, Cab Calloway, der Star aus dem legendären *Cotton Club* in Harlem.

Aber nicht nur für die Hauptfiguren haben wir uns begeistert. Wir konnten es einfach nicht fassen, daß alle, alle, auch die Darsteller der kleinsten Rollen und die Chorsänger, in jeder Sekunde mitspielten, mitlachten, mitlitten, und mitsangen natürlich. Und dieses Stück, dieses Musical (war es das eigentlich, nicht eher eine Oper?) sollte bei seiner Premiere durchgefallen sein? So ungefähr. Auf ganze 124 Vorstellungen hatte es »Porgy and Bess« bei der Uraufführung im Jahr 1935 in New York gebracht. Zum Vergleich: »My Fair Lady«, das 1956 in New York herauskam, lief 2717 Mal en suite, ganz zu schweigen von »Cats« und »A Chorus Line«, wo man nur noch die Jahre der Laufzeit zählt. Aber man will ja heute auch nicht glauben, daß »Carmen« ursprünglich ein Totalflop war ...

Musical, davon haben plötzlich viele geträumt. Die Schauspieler wollten Musical spielen, aber in den Schauspielschulen wurde man damals noch nicht so vielseitig ausgebildet. Die Komponisten wollten Musicals schreiben, alle träumten davon, einen Hit zu landen. An Mißerfolg dachte natürlich keiner.

Von Leonard Bernstein stammt folgende Definition: Das amerikanische musikalische Theater ist einen langen Weg gegangen, in dem es dies von der Oper, jenes von der Revue, hier etwas von der Operette, dort etwas vom Vaudeville übernommen hat. Aus all dem enstand etwas ganz Neues: Musical.

Am 14. Februar 1956 brachte die Volksoper die erste eigene Musicalproduktion heraus: »Kiss me Kate« von Cole Porter. Und siehe da, wir konnten es auch. Der Mann, der das alles zuwege gebracht hatte, war Marcel Prawy. Freilich, ganz ohne amerikanische Hilfe ging es nicht. Die Hauptdarstellerin hatte Prawy aus New York geholt. Brenda Lewis von der New York City Opera, eine hervorragende Sängerin und eine glänzende, temperamentvolle Schauspielerin, war die »Kate«. Und was hatte sie für Partner! Den »Petrucchio« spielte Fred Liewehr, der umschwärmte Burgtheaterheld und geliebte Lehrer im Reinhardt-Seminar. »Freddy«, wie wir Schüler ihn mit liebevollem Respekt nannten, war zwar kein Sänger, aber er hatte eine besondere Begabung, seine gewiß nicht große Singstimme so einzusetzen, daß man auch in der letzten Reihe und oben auf der Galerie jede Silbe hörte und verstand. Und er war so ein fescher »Petrucchio«! Wenn er von seinem Erfolg bei den Frauen sang, glaubte man ihm jedes Wort!

»Bianca«, die Schwester der »Kate«, spielte hinreißend eine blutjunge Amerikanerin – Olive Moorfield, auch sie eine Prawy-Entdeckung. Was machte es da schon aus, daß »Katharina« rosige Wangen hatte und »Bianca« ein wunderschönes kaffeebraunes Gesichtchen.

Wann immer dieses Musical später in unseren Landen aufgeführt wurde, die Produktion mit Lewis, Liewehr und Moorfield blieb Maßstab. Und vergessen wir nicht das lustige Gangsterpaar (»Schlag nach bei Shakespeare ...«): Kurt Preger, Hausstar der Volksoper, und – Helmut Qualtinger.

Qualtinger hat uns oft von den Proben berichtet. Julius Rudel, der amerikanische Dirigent, hatte seine liebe Not, das eher konservative Volksopernorchester, das dem ganzen Vorhaben Musical skeptisch gegenüberstand, und die Jazzmusiker, die zur Verstärkung engagiert worden waren, unter einen Hut zu bringen. Und erst den Chor! Brav sangen sie bei den Proben »Küß mich, küß mich, küß mich, Kate«. »No!« erregte sich der Dirigent. »It's kíss me, kíss me, kíss me. Kate!« – »Das singen wir doch die ganze Zeit, Mister Rudel! Aber halt in Deutsch!« beschwerte sich der Chor. Synkopen waren nicht ihre Sache. Schließlich gelang es dem Dirigenten wohl doch, den Damen und Herren Choristen ein bißchen einzuheizen, und ich glaube, sie hatten am Ende sogar Spaß daran, sanft zu swingen.

Der Traum vom glücklichen, reichen, swingenden Amerika!

Dort müßte man einmal hinkommen! Die tollen Stars in den amerikanischen Fünfziger-Jahre-Filmen. Alles haben wir ihnen nachgemacht oder es wenigstens versucht. Die kurzen Lockenköpfchen mit dem kleinen Pony, hinten hochgebürstet, funktionieren nur, wenn man Naturlocken und sehr starkes Haar hat. Wahrscheinlich haben alle Amerikanerinnen Haare wie die Girls in den Filmen, dachte ich. Der blutrot geschminkte große Mund! Waren die Lippen zu schmal, dann hat man sie weit über den Rand der Oberlippe übermalt. Und was die Filmstars für tolle Busen hatten, und diese Dekolletés, schulterfreie Korsagen, aber keineswegs gewagte Ausschnitte – wir waren ja in den Fünfzigern. Aber wie die Stützvorrichtungen ihre Form behielten? »Die sind aus Metall gegossen!« hat mir einer verraten. Ich weiß nicht, woher er das hatte, ich habe ihm kein Wort geglaubt. Vielleicht wollte man es auch nicht so genau wissen. Vielleicht sollte der amerikanische Traum ein paar Geheimnisse behalten.

Bald nach dem Krieg wurde ich in einen amerikanischen Kinderklub aufgenommen. Ich war zwar schon ein recht großes »Kind«, fünfzehn Jahre alt, aber man hat wohl ein Auge zugedrückt. Wir trafen uns zweimal in der Woche, sprachen Englisch, so gut wir konnten, und wurden mit Kakao und Doughnuts, den riesigen amerikanischen Krapfen, gefüttert. Einmal hat man uns sogar zu einer Jause in die vornehme Residenz des amerikanischen Botschafters eingeladen. Besonders beeindruckt hat mich damals die Frau des Botschafters. Als ein Dienstmädchen stolperte und ein großes Tablett mit gefüllten, edlen Gläsern fallen ließ, zuckte die Lady mit keiner Wimper, ja, sie schaute nicht einmal in die Richtung der schönen Bescherung, sondern führte ruhig ihr Gespräch weiter. Ob man jemals so werden würde wie sie?

In den Kinderklub ging ich nur, weil man uns versprochen hatte, uns irgendwann als Austauschschüler in die USA zu schikken. Leider ist es nie dazu gekommen. Eines Tages stand ich wieder vor der Tür des Klublokals in der Mölkerbastei, aber die war verschlossen und versiegelt und wurde auch nie mehr für uns geöffnet. Es stellte sich heraus, daß die beiden jungen Leute, die den Klub gegründet hatten, Betrüger waren. Der Klub hatte ihnen nur dazu gedient, sich eine große Zahl der damals so begehrten Care-Pakete zu ergaunern. Den Inhalt – lauter kostbare Dinge, Corned Beef, Peanut Butter, Schokolade, Zigaretten – haben sie wohl im Schleichhandel verschoben.

Wir leisten uns was

Auslandsreisen · Nierentische und Schalenfauteuils · Zehn-Platten-Wechsler · Die Tische biegen sich

Wir leisten uns was! Aber was zuerst? Nylonstrümpfe, das war klar, mit Naht und »Stilferse«, das war besonders chic. »Das sind die Strümpfe, die nie kaputtgehen«, hieß es in der Werbung. Sie hatten auch einen stolzen Preis, sie kosteten Anfang der fünfziger Jahre dreißig Schilling; die Kunstseidenen weniger als ein Viertel davon. Aber wovon sollten denn die Firma Dupont und all die anderen, die an der Entwicklung des hauchdünnen Fadens beteiligt waren, reich werden! Natürlich lief auch in den feinen Nylons gelegentlich eine Masche. Aber es gab Reparaturwerkstätten, die darauf spezialisiert waren, die feinen Nylonstrümpfchen wieder tragbar zu machen. Repasseurinnen fingen mit Spezialnadeln die davonlaufenden Maschen auf und knüpften sie. Da hatte man halt auf der Wade einen kleinen dunklen Fleck, aber so genau würde schon keiner hinschauen. Die langen, schwingenden Röcke verdeckten den Schönheitsfehler ohnehin. Die Hauptsache war, daß man darunter dünne, durchsichtige Strümpfe – mit Naht – trug. Dazu gehörten natürlich auch spitze Schuhe mit hohen, dünnen Absätzen, »italienische Pumps«. Und wo konnte man die am günstigsten erwerben? Im Lande selbst.

»Komm ein bißchen mit nach Italien, komm ein bißchen mit ans blaue Meer«, »Ja, ja, der Chiantiwein«, »Bella bella bella Marie, bleib mir treu, ich komm zurück morgen früh«, »Wenn bei Capri die rote Sonne im Meer versinkt«, warben die Schnulzensänger. Die Schlagermacher verdienten sich ihre ersten Villen im Süden, und wir ließen uns brav von der klingenden Werbung über den Brenner locken. Bis Capri habe ich es damals freilich nicht geschafft, auch aufs »blaue Meer« mußte ich noch ein paar Jahre warten. Die erste Reise ging bis Tarvis. »Dort kann man sehr gut und preiswert einkaufen«, hieß es.

Als ich viele Jahre später mit Peter Patzak den schönen Fernsehfilm »Santa Lucia« drehte, mußte ich oft an meine erste Italienreise in den Fünfzigern denken. In »Santa Lucia« fahren drei Frauen mit einem klapprigen Bus nach Venedig. Sie haben die Reise bei einer Kino-Werbeveranstaltung gewonnen, und ihr Ziel ist nicht die schöne Lagunenstadt, sondern »Spaghetti, Tschianti und Schuhe«! Für mich hatte man sich noch den Satz »Ich kauf mir alles unten« einfallen lassen. Sehr gut beobachtet. Das bedeutete aber, daß ich keinen Mantel, nicht einmal eine Jacke, von Wien auf die Fahrt mitnehmen durfte. Wir drehten von Mitte November bis Mitte Dezember. Die spätherbstliche Stimmung war für die Kamera wundervoll, aber ich habe gefroren wie in meinem ganzen Leben nicht.

Vor unserer Fahrt nach Tarvis hatten wir auch beschlossen: »Wir kaufen alles unten«, aber da war glücklicherweise Frühling! Wir fuhren zu fünft, vier Mädchen und ein Mann, in einem kleinen, alten Auto, morgens hin und abends zurück. An Übernachten war nicht zu denken. Zu teuer. Dafür kauften wir lieber noch was ein. Keiner von uns dachte daran, daß wir das alles auf dem Rückweg durch den Zoll bringen mußten, die Pullover vom Markt, fast geschenkt, die bastumhüllten Chiantiflaschen, aus denen man so schöne Lampen machen konnte, wenn sie geleert waren, und vor allem – die Schuhe! Ich hatte mir lindgrüne Pumps gekauft, spitz, mit Pfennigabsätzen, wunderschön! Ich sehe sie heute noch vor mir. Auf dem Rückweg kamen mir dann doch Bedenken wegen der Zöllner. Ach, dachte ich, ich ziehe sie an, was ich am Leib trage, werde ich doch nicht verzollen müssen. Ich hatte die schönen Lindgrünen in aller Eile gekauft. Sie waren, wie sich herausstellte, recht knapp.

Die Zollbeamten erwiesen sich als strenger, als wir erwartet hatten. Daß vier Mädchen sie aus dem Auto heraus gewinnend anlächelten, ließ sie völlig kalt. »Aussteigen!« befahlen sie barsch. Ich saß vorne, neben dem Fahrer, mußte also als erste hinaus, hatte keinen festen Stand auf meinen neuen Pfennigabsätzen, fiel beinahe hin und lenkte damit den Blick des Zöllners nach unten, auf meine Füße und auf die Lindgrünen, die im Dunkeln glänzten wie mit Leuchtfarbe lackiert. »Haben Sie die in Italien gekauft?« fragte er scharf. »Nnnein, nnein«, antwortete ich wenig überzeugend. Ich habe noch nie Talent zur Schmugglerin gehabt. »Kommen Sie mit«, forderte er mich auf. Was blieb mir übrig? Ich stakste hinter ihm her ins Zollgebäude. Dort mußte ich meine Schuhe ausziehen, sie wurden gewogen und nach Gewicht verzollt!

Es war nicht der Ärger über das, was ich zahlen mußte, es war die Entwürdigung, daß ich mich in dem Zollhaus ausziehen mußte, die ich lang nicht vergessen konnte. Aber die lindgrünen, eleganten Pumps habe ich oft und gern getragen, zumal sie sich bald mehr gedehnt hatten, als mir lieb war.

Das hoffnungsvolle Grün muß es mir damals wohl angetan haben. In einem feinen, teuren Geschäft im ersten Bezirk hatte ich mir einen Mantel gekauft, geschnitten nach der neuesten Linie, ich glaube »Ypsilon« haben die Modeschöpfer sie genannt, oben ganz breit, unten ganz schmal. Vielleicht nicht sehr günstig für mich, die ich ja keine langbeinige Gazelle bin, aber es war der letzte Schrei, und der Mantel war – giftgrün! Ich weiß nicht, ob diese Farbe sehr gut zu meinen anderen Kleidungsstücken und Accessoires gepaßt hat, aber dieser Mantel mußte es sein, den habe ich mir geleistet, und ich war sehr stolz auf ihn, auch an dem Tag, an dem ein Freund mich zu einer Gesellschaft mitnahm.

Ich kannte die Gastgeber nicht, mir wurde aber bald klar, daß ich bei Familie Neureich gelandet war. Ein Dienstmädchen mit weißem Schürzchen und Häubchen nahm mir mit spitzen

Fingern den Mantel ab und brachte ihn in die Garderobe. Dort hing er nun, der Giftgrüne, ein Außenseiter unter lauter schwarzen Persianern! Aber ich hätte ihn nicht gegen einen aus der Reihe der Pelze tauschen wollen. Persianeruniform! Äh! Das nächste Statussymbol war auch nicht zu übersehen: Krokotaschen! Groß und protzig! Die Damen hatten sie in der Hand, auf dem Schoß, neben sich auf dem Boden! Ein Bild wie aus einer Filmsatire von Ernst Lubitsch. Ich habe damals noch nicht an die vielen Krokodile gedacht, die dafür sterben mußten. Ich fand diese angeberische »Wir leisten uns was«-Darstellung einfach scheußlich.

Man trank Aperitif aus zarten Gläschen, Vermouth, hell oder dunkel oder vielleicht trocken? »Für Sie natürlich keinen Cinzano, sondern einen Martini«, süßelte der Hausherr, der sicher nach »Pitralon« geduftet hat. Ich war solche Witze schon gewohnt.

Nun wurde die neueste Errungenschaft vorgeführt, das »Tonmöbel«. Das hieß wirklich so. Es war ein breites Monster, Vollrundbau, Kaukasisch-Nuß, hochglänzend, mit abgerundeten Kanten, und was das alles konnte! Wenn man die Tür öffnete, was der Hausherr voller Besitzerstolz langsam und gemessen tat, sah man als erstes die dezent beleuchtete Hausbar mit Kristallgläschen und Karaffe, sicher noch nie benützt, daneben thronte ein riesiger Radioapparat (Minerva oder Grundig oder so ähnlich), rechts davon der Zehn-Platten-Wechsler. Ganz unten war ein kleines Regal für Schellacks, in dem bestenfalls fünfzehn Platten in ihren Papierhüllen steckten.

Man bewunderte die Neuanschaffung gebührend, fragte hinter vorgehaltener Hand nach dem Preis, erfuhr ihn auch sofort und quittierte die Auskunft mit einem leisen Pfiff und bewundernd zum Himmel gerichteten Augen. Und dann ging es zu Tisch. Nein, wir setzten uns nicht, gerade in Mode gekommen war »Buffet«, Selbstbedienung. Das Mädchen im Dienstmächenkostüm, das aussah, als wäre es auf einen Sprung aus einem Boulevardstück in den Kammerspielen herübergekommen, reichte Teller aus feinem Porzellan, und dann war man sich selber überlassen. Nun waren die schlechten, die hungrigen Jahre schon vorbei, vielleicht hatten die anwesenden Damen auch mit ihren ersten Hollywoodkuren begonnen. Das überaus üppige Buffet wollte und wollte nicht leer werden. Es war mit den erlesensten Delikatessen bestückt: Roastbeef, Rehrücken mit Sauce Cumberland, Forellen, eingebettet in französischen Salat, Eier als Giftpilze dekoriert mit Tomatenhütchen und Mayonnaisetupfern, Hummersalat, Ochsenmaulsalat, Gänseleberpastete in Aspik und, nicht zu vergessen, die vielen Käsespießchen ...

Die Gastgeberin hatte wohl nach der Devise »Wir leisten uns was« ein Buffet für fünfzig Personen bestellt, es waren aber nur zwanzig Gäste da. Ich sehe noch ihren weidwunden Blick, mit dem sie die immer noch volle Tafel inspizierte. Schließlich konnte sie sich nicht länger zurückhalten und es brach aus ihr heraus: »Essen S' doch, essen S' doch, es wird mir ja schlecht!«

Soviel zu meinem ersten – und einzigen – Besuch bei Familie Neureich. Ich habe nach diesem Abend nicht von Persianern geträumt und nicht von Krokotaschen, schon gar nicht von dem riesigen Buffet, das nicht leerzukriegen war, aber – Gäste wollte ich mir auch einmal einladen können, aber das war in den Untermietzimmern nicht möglich. Da hatte man ja schon Schwierigkeiten, einen, den einen, den Liebsten, am Zimmer der Vermieterin vorbeizuschmuggeln. Also, eine kleine Wohnung mußte her, eine Garçonnière. Aber wie? An kaufen war nicht zu denken, und die Mieten für so was Hübsches, Kleines, möglichst in der Innenstadt, kletterten schon ins für mich nicht mehr Bezahlbare.

Da wurde ich eines Tages in unserem Stammlokal, dem Annaberg – von dem ich später noch erzählen will – Zeuge eines Gespräches. Das Thema Wohnung hat in dieser Zeit uns alle, die wir hier nach dem Theater herumsaßen, Schauspieler, Regisseure, Regieassistenten, Radioleute, berührt. Die meisten von uns waren jung und »unbehaust« und hätten gern ein eigenes Dach über dem Kopf gehabt, einen Raum, den man abschließen kann, wenn man weggeht. Einer aus der Runde erklärte, er werde demnächst eine Gemeindegarçonnière im ersten Bezirk bekommen. Und er sei der Meinung, daß er, ein »geistig Schaffender«, eher Anspruch auf eine Wohnung habe als eine Familie mit drei Kindern ...

Also, diese Großmäuligkeit gefiel mir ganz und gar nicht. Vollkommen asozial, der Kerl! Mußte der gute Beziehungen haben! Und – ist der nicht unlängst mit einem Mädchen hier aufgetaucht, von dem es hieß, es sei eine Fabrikantentochter aus dem Währinger Cottage!?

Ich ließ ein paar Tage vergehen, dann fragte ich den »geistig Schaffenden« ganz beiläufig, wie es denn seiner Braut gehe. »Braut? Wieso weißt du?« Nun war es heraus, es war ernst mit der höheren Tochter. Und die sollte ihren Hausstand in einer winzigen Gemeindewohnung gründen wollen?

Wieder einmal ergab sich eine Gelegenheit, den Kollegen unbeobachtet zu sprechen. »Brauchst du denn diese kleine Wohnung überhaupt?« fragte ich naiv. »Nein, wir werden in die elterliche Villa einziehen«, war die Antwort. »Dürfte ich mich darum bemühen?« Meine Frage kam ein bißchen zu schnell. »Ja , wenn das geht«, sagte er. Es ging, aber fragen Sie mich nicht, wie.

Die Garçonnière, 26 m², 6. Stock, kein Lift, mitten in der Innenstadt, wurde der Traum meiner schlaflosen Nächte. Als sie nach einigen Monaten bezugsfertig war, zog ich, auf Anraten von Leuten, die Erfahrung in solchen halblegalen Angelegenheiten hatten, ein – als »Lebensgefährtin« des Kollegen (der die Wohnung nie gesehen hatte). Schön, und dann? Dann – riet man mir, ein halbes Jahr vergehen zu lassen. »Und nun kommt deine große Szene, wozu bist du Schauspielerin, dann gehst du zum Wohnungsamt, erzählst, daß er ausgezogen ist,

57

spielst die verlassene Geliebte, ein paar Tränen wären auch ganz gut, und dann fragst du, wohin du denn jetzt gehen sollst!« Vor diesem Auftritt hatte ich Lampenfieber wie vor keiner Premiere. Aber es ist alles gut gegangen. Vielleicht habe ich ein bißchen übertrieben, als ich mitleiderregend klagte:»Alles hat er mitgenommen. Kein Hemd, keine Unterhose ist mehr da von ihm!«

Ich bekam also die Hauptmiete für die kleine Wohnung und der Kollege zur Hochzeit mit der Fabrikantentochter ein paar Scheine.

Ich wußte genau, wie mein 26-m²-Paradies aussehen sollte, aber ans Einrichten war zunächst nicht zu denken. Die ersten sechs Monate, die »illegalen«, wohnte ich improvisiert. Im Theater hatte ich mir einen Garderobenständer ausgeliehen, und einen kleinen Tisch. Die einzige Sitz- war auch die Schlafgelegenheit, ein Betteinsatz mit Matratze, auf vier kompakten Füßen ruhend. Diese Füße waren zwar schwer, aber nicht sehr stabil. Sie bestanden aus jeweils zwei Ziegeln, eingeschlagen in Packpapier. Den Tip hatte ich von einem angehenden Bühnenbildner, der meinte:»Am Theater machen wir's auch nicht anders. Du mußt halt ruhig schlafen.« Und das habe ich auch brav getan, ein halbes Jahr lang.

Dann wurde eingekauft: eine Schlafcouch, ein Schalenfauteuil, gelb und schwarz, eine Bodenlampe mit hufeisenförmigem Fuß aus Messing, der Ständer helles Holz, schräg natürlich, der Schirm mit Griff, auf edlen Messinghaken verschieden hoch einzuhängen, das Neueste und teuer! Und erst der Tisch, nierenförmig mit schrägen Beinen, helles Holz, aber obendrauf eine Resopalplatte in grauem Mosaikmuster – »Da kann man alles draufstellen, es gibt keine Flecken, auch Zigaretten können keine Löcher brennen ...« Wenn ich mir das heute vorstelle – scheußlich! Aber damals fanden wir das schön.

Und nun also konnte ich auch Gäste einladen, nicht viele, drei fanden auf der Schlafcouch Platz, einer im Fauteuil, einer auf einem Hocker (gelb-schwarz, auch mit schräg nach außen stehenden Beinen). Und was biete ich meinen Gästen an? Meine Kochkünste waren damals recht bescheiden. Ich konnte Eierspeis ohne Eier machen (nämlich mit Eipulver), eine Einbrenn ohne Fett herstellen, sogar eine Art Brot backen, was ich halt so als halbes Kind nach Kriegsende gelernt hatte, um meine kleinen Brüder zu füttern, wenn die Mutter aufs Land arbeiten ging, um ein paar Lebensmittel zu ergattern. Als die Zeiten besser wurden, hatte mir der Beruf keine Zeit gelassen, mich in der Küche zu betätigen. Und nun besaß ich zwar eine eigene kleine Küche, Töpfe und Pfannen, aber – ich konnte nicht kochen!

Das habe ich damals auch einer lieben alten Dame geklagt, der Frau eines Gesangspädagogen, die – weiß Gott – bessere Zeiten gesehen hatte: »Tante Vivian, ich kann nicht kochen!« Darauf die Nenntante aus feiner Adelsfamilie (die eine Meisterin in der Küche war, als hätte sie ihre Jugend nicht auf einem Schloß in England verbracht, sondern als Küchenlehrling im Sacher): »Das ist Blödsinn. Du kannst denken. Und wer denken kann, der kann auch kochen!« Eine kluge Frau! Ich habe viel von ihr gelernt.

Tante Vivian, die eine hervorragende Gastgeberin war, hat mir noch ein paar Weisheiten mitgegeben. Ihre Parties für die Schüler ihres Mannes am Ende des Schuljahres waren berühmt. Tagelang stand Tante Vivian in der riesigen Küche ihrer herrschaftlichen Wohnung in der Innenstadt und zauberte die herrlichsten Pasteten, Saucen, Braten und Salate. Wein und sanft gemixte Martinis standen gekühlt in edlen Karaffen bereit.

»Wieso ist bei dir nie jemand betrunken?« fragte ich sie einmal nach so einem gelungenen Fest. »Das mußt du dir merken«, sagte sie mit ihrem charmanten englischen Akzent. »Je später der Abend, desto dünner die Drinks! Ich gieße einfach immer mehr Mineralwasser in die Karaffen. Wenn es ihnen gutgeht, wenn sie gut gegessen haben, singen und sich unterhalten, wollen sie einfach irgendwas trinken und merken überhaupt nicht, daß ihre Drinks immer wäßriger werden!« Die Lehren der lieben Tante Vivian fielen bei mir auf fruchtbaren Boden, leider ist die Saat erst viel später aufgegangen. Aber ich glaube, wenn sie mich heute in der Küche sehen könnte, hätte sie ihre Freude an mir. Daß man Spaß am Kochen haben kann, habe ich von ihr gelernt.

Damals war ich als Köchin noch recht unsicher, aber ich hatte einen Freund – der 1958 mein Ehemann werden sollte –, der war nicht nur ein großartiger Jazzmusiker, er konnte auch kochen. Er tat es gern und sehr gut – Bill Grah. Von seinen vielen Auslandsreisen mit der Fatty-George-Band hatte er köstliche Rezepte mitgebracht. Er kochte Chinesisches und Indonesisches und saftig Rheinisches aus seiner Heimat. Exotische Küche war bei uns damals noch nicht sehr en vogue. »Ausländisch« essen, das hieß meist Cevapcici oder Rasnici oder für die, die viel Geld ausgeben wollten, »Brennendes Balkanschwert«.

Als Bill einmal von einem Deutschland-Gastspiel zurückkam, brachte er ein Rezept mit, das er unseren Freunden und mir unbedingt vorführen wollte. Ich wurde beauftragt, einen schönen grünen Salat zu kaufen, große Zwiebeln und feinstes Rindfleisch, also am besten Filet (oder Lungenbraten, wie wir sagen), und es gleich faschieren zu lassen. »Warum denn faschieren?« fragte ich meinen Küchenchef. »Ist doch schad' um das schöne Fleisch!« – »Faschieren! Du wirst schon sehen!« Dann verschwand er und suchte halb Wien nach einem Bäcker ab, der eine ganz bestimmte Art von großen, mürben, nicht gesüßten Laibchen herstellen konnte.

Die Zutaten waren bereit, es konnte losgehen. Ich wurde aus meiner Winzigküche in den »Salon« (sprich Wohnschlafzimmer) geschickt, um die Gäste zu unterhalten und Drinks zu mixen. Wir haben damals gern »Martinis« getrunken, zwei Teile Gin, ein Teil trockener Vermouth, mit einer Olive drin (oder auch einem kleinen Perlzwiebelchen – dann hieß der Drink »Gibson«).

Bill werkte in der Küche. Eine Küchentür gab's nicht, nur einen Vorhang, so machte uns der Duft schon Appetit. Und dann wurde das neue Gericht aufgetragen. Für jeden ein riesiges Laibchen, gefüllt mit Salatblatt, Zwiebeln und dem saftigen gebratenen, faschierten Beefsteak, wunderbar gewürzt. Es hat allen geschmeckt! Bill war der einzige von uns, der den Namen des Gerichts kannte – »Hamburger«!

Ich meine immer noch, diesen ersten Hamburger meines Lebens auf der Zunge zu spüren. Gelegentlich habe ich versucht, in einem der vielen Kettenimbißrestaurants den Geschmack der frühen Jahre wiederzufinden. Überflüssig zu sagen, daß es mir nicht gelungen ist. Wie auch? Aber hätten Sie gedacht, daß ein »Hamburger« in den fünfziger Jahren für uns noch etwas Exotisches war? Der Siegeszug der dekorierten Fleischlaibchen im Brötchengewand begann erst um die Mitte des Jahrzehnts, als in der Nähe von Chicago das erste McDonald's-Drive-In eröffnet wurde. Heute ist dort ein Museum.

Kabarett

Kabarett – ein Hort der kleinen großen Kunst
(Peter Altenberg)

Der Theatersaal im Keller der Hauses Liliengasse 3, gleich beim Stephansplatz, ist ein traditionsreicher Ort. Davon hat uns freilich unser ehrwürdiger Theatergeschichtsprofessor im Reinhardt-Seminar, Hofrat Joseph Gregor, nichts erzählt. Kein Wunder, hier wurde ja auch nicht Geschichte geschrieben und auch nicht großes Theater gespielt, sondern immer nur Kleinkunst gemacht – aber auch die war zuweilen nicht zu verachten. Ich finde, an dem Haus müßte längst eine Tafel angebracht sein: »Hier wurde der Star Helmut Qualtinger geboren«, nicht im Sinne von »aus dem Mutterleib geschlüpft«, hier hat er im Herbst 1956 seine ersten Kabarett-Triumphe gefeiert.

In den dreißiger Jahren, der Blütezeit des Wiener Kabaretts, hatte sich hier das Moulin Rouge etabliert, eine der vielen Kleinkunstbühnen, nicht gerade die erfolgreichste (und nicht zu verwechseln mit dem Nachtlokal Moulin Rouge). Im Herbst 1939 wurde daraus das Wiener Werkel, das seltsamste Kabarett Großdeutschlands. Und nun begann die erste große Zeit des Theaters.

Schon am Tag nach Hitlers Einmarsch in Österreich, im März 1938, hatte man alle Kleinkunstbühnen geschlossen. Die meisten der jüdischen Autoren und Darsteller mußten bei Nacht und Nebel fliehen. Viele haben die Nazizeit nicht überlebt. Einige wenige fanden, getarnt durch Pseudonyme, Unterschlupf im neuen Werkel. Der »untragbare« Fritz Eckhardt zum Beispiel war von Anfang an dabei. »Heute scheint es fast unglaubhaft, welche Texte damals auf einer Bühne des Hitlerreiches gesagt werden konnten«, erinnerte sich der Autor und Zeitzeuge Rudolf Weys. Das Werkel galt als Enklave intellektueller Résistance. »Es war für alle Beteiligten ein Tanz auf dem Vulkan. Die totale Theatersperre im September 1944 ist wahrscheinlich ein Glück für alle gewesen, die jahrelang satirische Kuckuckseier ins ostmärkische Nest gelegt haben. Wer weiß, ob wir andernfalls nicht doch noch im KZ gelandet wären.« Soweit Rudolf Weys.

Nach einer kurzen Spielzeit als »Literatur im Moulin Rouge«, gleich nach dem Krieg, wurde das Haus 1947 zum literarischkabarettistischen Ableger des Theaters in der Josefstadt. Direktor Rudolf Steinboeck, der als junger Mann wie so viele seiner Kollegen, wie Hilde Krahl, Gusti Wolf, Heidemarie Hatheyer, beim Kabarett angefangen hatte, liebte die »kleine Kunst« immer noch, und er hatte ein gutes Gespür für das, was beim Publikum ankam. Die Revuen von Hans Weigel und Alexander Steinbrecher, aber auch von Mischa Spoliansky liefen bei ausverkauften Häusern bis 1950.

Ich bin zum ersten Mal 1953 in den Liliengassenkeller hinuntergestiegen, als er wieder einmal Wiener Werkel hieß. Wir spielten einen »historischen Bilderbogen« mit Filmeinblendungen, betitelt »Der rot-weiß-rote Faden«. Aber der Faden war recht dünn, und an den Titel werden sich außer mir höchstens noch ein paar Mitwirkende erinnern. Zuschauer sind nicht sehr zahlreich in die Vorstellung gekommen.

Auch als Trude Pöschl, die Prinzipalin des Konzerthaustheaters, sich vergrößern wollte und mit ihrer Truppe in den Keller gegenüber der Eden-Bar einzog, brachte sie nicht den Erfolg ihres literarisch engagierten kleinen Theaters mit. Jetzt hieß das Haus Die kleine Komödie und ging – nicht!

Darauf eröffnete das Kabarett Simpl eine Boulevard-Dependance, immerhin mit Karl Farkas und Fritz Imhoff. Aber auch das Intime Theater, wie es sich jetzt nannte, wurde nach einer

Spielzeit wieder geschlossen. – Es war, als ob ein Fluch auf der sonst so sympathischen Spielstätte lastete. Am Standort konnte es nicht liegen. Beste Lage, eine Minute vom Stephansplatz. Und auf Parkplatzmangel konnte man sich damals auch nicht ausreden. Mitte der fünfziger Jahre waren bei uns insgesamt 143.099 Autos zugelassen, in ganz Österreich!

In dieses Theater, das nicht und nicht »laufen« wollte, zogen wir nun im September 1956 ein, um das Programm »Blatt'l vor'm Mund« zu proben. Der Titel war den Lesern des Neuen Kurier schon bekannt. Helmut Qualtinger und Carl Merz hatten seit dem Frühjahr 1955 eine wöchentliche »Blatt'l«-Kolumne für diese Zeitung geschrieben, die zuerst unscheinbar zwischen Rätselecke und Radioprogramm versteckt erschien, aber bald von den Lesern geliebt und gehaßt wurde, weil sie heiter-satirisch aufspießte, was faul war in diesem Land.

Qualtinger und Merz schrieben die Prosatexte für das neue Kabarett. Gerhard Bronner und Georg Kreisler, die mutig das von Pleiten verfolgte Haus gemietet hatten, komponierten und texteten ebenso wie Peter Wehle. Sie alle standen auch auf der Bühne, Carl Merz war ein wunderbarer Conférencier, Kurt Jaggberg und ich waren als Darsteller engagiert. Daß ich auch schreiben sollte, stand nicht zur Debatte. Ich weiß nicht, ob ich es überhaupt gekonnt hätte, aber auch wenn, hätten die Männer es nicht zugelassen. Es waren starke Männer, ich habe von ihnen viel gelernt, aber es war auch nicht immer ganz einfach. Über die Stellung der Frau im Kabarett von damals ist viel geschrieben worden. Man hielt an der alten Tradition fest, nach der »eine Frau das zu spielen hat, was absolut nicht von einem Mann dargestellt werden kann«, und nach der galt: »Politische Aussage – nicht aus dem Mund einer Frau«.

Als ich das Angebot bekam, das weibliche Mitglied in diesem Team zu werden, sagte ich nicht gleich zu, weil ich dachte, das wird wohl wieder so eine kurze Angelegenheit sein wie im Werkel oder bei der Trude Pöschl oder beim Farkas. Außerdem

Über die Stellung der Frau
im Kabarett von damals ist viel geschrieben worden.
Man hielt an der alten Tradition fest,
nach der »eine Frau das zu spielen hat, was absolut nicht
von einem Mann dargestellt werden kann«.
1956 in »Blatt'l vor'm Mund«

war ich Schauspielerin und wollte nicht zur Kabarettistin ge-
stempelt werden. Auf der anderen Seite war da der Helmut
Qualtinger, dieser Eulenspiegel, der mit seinen Späßen schon
halb Wien genarrt hatte. Neben dem auf der Bühne zu stehen,
hat mich schon interessiert. Und der schwarzhumorige Georg
Kreisler, der gerade aus Amerika zurückgekommen war und
jeden Abend das Publikum in der Marietta-Bar begeisterte,
sollte speziell für mich etwas schreiben ... Also sagte ich ja und
probte mit großer Begeisterung Tag und Nacht fürs »Blatt'l
vor'm Mund«. Monatsgage dreitausend Schilling.

Bevor ein Theater zum Spielen freigegeben wird, muß es
baupolizeilich kommissioniert werden. Wie es damals gelungen
ist, daß das Intime Theater für bespielfähig erklärt wurde, ist
mir heute noch ein Rätsel. Die Bühne war soweit in Ordnung,
der Zuschauerraum, damals noch mit Stühlen und Tischen
besetzt, von etwas verschlissener Eleganz. Auch an der kleinen
Bar war nichts auszusetzen. Aber wie es »hinter den Kulissen«
aussah ... Wahrscheinlich war seit den seligen Moulin-Rouge-
Zeiten nie mehr renoviert worden. Die Schauspielergarderoben
lagen im Keller, und ich habe sicher keine Halluzinationen
gehabt, wenn ich ab und zu ein Mäuschen vorbeihuschen sah
(es könnte auch eine liebe kleine Ratte gewesen sein).

Nun muß einmal gesagt werden, daß Künstlergarderoben
niemals so aussehen wie in den alten Hollywoodfilmen, wo
Ginger Rogers in ihren weißen Seidenlamé-Schminkmantel
schlüpfte und einen Korb mit hundert ebenso weißen langstieligen Rosen entgegennahm, um ihn sogleich der Neger-
mammy-Garderobiere in die Hand zu drücken, die gekleidet
war wie die feinen Serviererinnen beim Demel.

Meine »Stargarderobe« war sicher seit Jahrzehnten nicht
ausgemalt worden, ein Kellerloch! Einen Schrank gab es nicht,
nur ein paar alte, verrostete Eisenhaken an der Wand. Außer
der dürftigen Beleuchtung beim Schminkspiegel war da noch
eine Lichtquelle: An einem Kabel hing von der Decke eine

Fassung mit einer, seien wir großzügig, 40-Watt-Birne. Ich muß das so ausführlich beschreiben, es ist wichtig für unsere »Blatt'l vor'm Mund«-Premiere und vielleicht für unsere ganze weitere Kabarettzeit.

Es war der 30. Oktober 1956. Die Premiere lief. Ganz toll. Helmut Qualtinger hatte das Publikum mit dem »Halbwilden« und dem »Bundesbahnblues« zu Begeisterungsstürmen hingerissen, Georg Kreisler mit dem »Karajanuskopf« nach Rossinis »Figaro«-Arie (»Karajan hier – Karajan da ...«). Ich saß in meiner düsteren »Stargarderobe« und versuchte mich auf meinen großen Auftritt zu konzentrieren, auf mein Kreisler-Chanson kurz vor Ende der Vorstellung. Da hörte ich Wasser tropfen. Es kam nicht aus dem Hahn über dem ausgeschlagenen Waschbecken, es kam von oben. Es tropfte und tropfte, entlang meiner »Deckenbeleuchtung«, über Kabel und 40-Watt-Birne – die immer noch brannte! Ich stürzte hinaus, da kam mir schon Christl, unser guter Garderobengeist, aus der Nachbargarderobe entgegen, beladen mit Kostümen, Hüten und Mänteln, denn nebenan hatte auch der »Regen« eingesetzt. Hinter Christl erschien der liebe, schrullige Carl Merz, rang die Hände und rief wieder und wieder: »Es wird ein Erfolg, es wird ein Erfolg, die Scheiße kommt von der Decke!« Es war, wie sich herausstellte, kein einfacher Rohrbruch. Ein Abwasserrohr in der Toilette über uns war geborsten.

Wir haben »Blatt'l vor'm Mund« einhundertachtzig Mal vor ausverkauftem Haus gespielt. Die Kritiker überschlugen sich. »›Blatt'l vor'm Mund‹ – lauter Blattschüsse«, schrieb Friedrich Torberg. »Das Ereignis des Abends – Helmut Qualtinger«, hieß es bei Karl Löbl, »Auferstehung des Kabaretts« bei Peter Weiser.

Wir wurden zu einer Wiener Institution – und Helmut Qualtinger zu ihrem Star. Das Wunder war geschehen, die böse Fee hatte den Fluch von dem Liliengassen-Theater genommen. Wien hatte ein neues Kabarett, ohne Namen, aber mit enormer Zugkraft. Man ging zum Qualtinger!

Die »Massette« mit den Karten für die nächsten drei Wochen war, kaum angekommen, auch schon wieder leer. (Massetten hießen die langen, schmalen Blöcke, aus denen man an der Kassa die verschiedenfarbigen Eintrittskarten herausriß. Ein Abschnitt blieb in der Massette für die steuerliche Abrechnung. Heute ist das viel einfacher, heute spuckt in den meisten Theatern der Computer die Karten aus.) Unsere Kassiererin wurde umworben und beschenkt. Aber auch uns Mitwirkende hat man mit Kartenwünschen bombardiert. Wenn mir einer, den ich überhaupt nicht kannte, lang und breit am Telephon erzählte, wir hätten uns doch neulich so nett auf dem Bahnhof in Linz unterhalten – und ich war zu der Zeit überhaupt noch nie in Linz gewesen –, dann wußte ich schon, wie das Gespräch weitergehen würde: »... morgen kommen meine oberösterreichischen Verwandten zu Besuch, und ich möchte sie doch unbedingt zum Qualtinger führen. Vier Karten würde ich brauchen, und ich zahl' auch gern ...« Ich habe von meiner sparsamen Direktion zu jeder Premiere eine Karte geschenkt bekommen, das war alles. Alle weiteren mußte ich voll bezahlen, wenn ich überhaupt Glück hatte und die Kassiererin in ihrer Massette gnädig noch etwas fand ...

Ich habe es mir dann zur Gewohnheit gemacht, wenn wieder jemand anrief und mir lang und breit eine erfundene Geschichte erzählen wollte, schnell zu unterbrechen: »Sicher wollen Sie Karten für den Qualtinger. Rufen Sie doch bitte an der Kasse an. Die Nummer ist R 23090.«

Die Wiener Telephonnummern hatten damals noch an der ersten Stelle einen Buchstaben. Nach welchen Gesichtspunkten diese Buchstaben ausgewählt worden waren, weiß ich nicht. Ich kann mich nur erinnern, daß sie aneinandergereiht IFABRUMLYZ oder umgekehrt ZYLMURBAFI ergaben, das brauchte sich natürlich keiner zu merken. Außerdem begannen die alten Wählscheiben mit Null und endeten mit Neun, also I war 0, F - 1, A - 2, B - 3, R - 4 usw.

»Es wird ein Erfolg, es wird ein Erfolg ...«
Mit Helmut Qualtinger als amerikanisches Senatorenpaar

Im Frühjahr 1957 wurde umgestellt, und man mußte sich schnell an die neuen Rufnummern ohne Buchstaben, mit verschobenen Ziffern, gewöhnen, aus einer Null wurde eine Eins, aus der Eins eine Zwei ... Innerhalb weniger Wochen wurden in Wien alle Wählscheiben ausgetauscht. »Nach eingehender Überlegung beschloß die Post, einer sich als internationale Norm abzeichnenden Entwicklung zu folgen ...« hieß es stolz in den Berichten. Jeder hatte eine neue Nummer.

Auch dazu habe ich ein Chanson gesungen. Wer kam da in »geschäftliche« Schwierigkeiten? Im Kabarett natürlich ein Callgirl (»Man hat's nicht leicht! Jetzt sitz' ich da seit Tagen rum und wart', daß dieses G'lumpert amol läut'!«) Ein weiterer Schritt zum Ruf des »Sexbomberls«!

Wie oft habe ich meine Kollegen gebeten, sie sollten mich doch einmal ein verhärmtes, sitzengelassenes Dienstmädchen spielen lassen. Aber nein, »Busen, die die Welt bedeuten« mußte es sein oder »Covergirl«. Das war übrigens ein ausgezeichnetes Chanson von Bronner und Kreisler: »Ich wollte schon mit vierzehn Jahr'n ein Covergirl sein und kam aufs Titelblatt ganz mühelos. Mit vierzehn Jahren, da war ich natürlich noch sehr klein, doch an zwei Stell'n war ich schon damals groß ...« In der zweiten Strophe erzählt das »be-coverte Girl« von den Politikern, die ihm alle zu Füßen lagen.

Ich hatte während der langen Spielzeit von »Glas'l vor'm Aug'« immer Angst, daß einer dieser Herren plötzlich entmachtet oder ermordet werden oder auch auf friedliche Art aus dem Leben scheiden könnte. Ist nicht passiert.

Viele Jahre später, die Kabarettzeit war lang vobei, ich lebte in Deutschland und war auch gelegentlich in den damals noch gar nicht sehr zahlreichen Spielsendungen zu Gast, so auch in Robert Lembkes beliebtem Ratespiel »Was bin ich?«. Lembke, der Qualtinger sehr schätzte und alle unsere berühmten Nummern auswendig kannte, bestand darauf, daß ich das »Covergirl« singen sollte. Meinen Einwand, daß das doch nicht ginge, weil

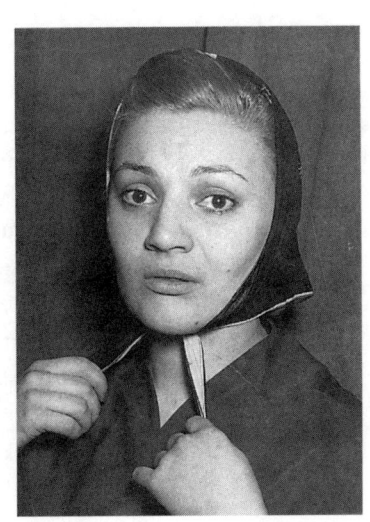

*... einmal ein
verhärmtes,
sitzengelassenes
Dienstmädchen spielen ...*

*Aber nein, »Busen,
die die Welt bedeuten«
mußte es sein
oder »Covergirl«.*

die Politiker schon fast alle nicht mehr da wären, wischte er weg und sagte:»...aber kennen tut sie noch ein jeder ...« Und später, kurz vor seinem Tod, war ich noch einmal Gast beim lieben Robert Lembke. Und wieder sagte er:»Louiserl, mir zuliebe, einmal noch das ›Covergirl‹!« Da war ich nun über das»Girl«-Alter wirklich hinaus, aber ich konnte ihm einfach nichts abschlagen.

So ließ ich sie halt noch einmal aufmarschieren, den Dulles und den Chruschtschow, den Figl, der nicht mehr an den Wein denkt, den Macmillan, der sich im stillen mein Portrait in einen Aktenkoffer einklebt, den Tito, der wieder anfängt zu schwanken, und den Adenauer und den Tschou Enlai und den Tschiang Kai-schek:»Überlegen S', wie schön das wäre, wenn die and're Hemisphäre statt vom Plansoll der Tungusen was erfährt von schönen Busen – über diesen Engpaß führt der rechte Weg ...«

Der Ruf unseres Kabaretts war schnell über die Grenzen Österreichs hinausgedrungen. Die Musiknummern erschienen auf Langspielplatten und auf den kleinen 45-tourigen Scheiben und verkauften sich wie die sprichwörtlichen warmen Semmeln. Wenn deutsche Kollegen in Wien spielten oder Filme drehten, kamen sie zu uns in die Vorstellungen und nahmen stapelweise unsere Platten mit. Sie liefen bald auch in den deutschen Radiosendern. So hat mein Mann, Heinz Wilhelm Schwarz, mich, lang bevor wir uns 1965 begegnet sind, als»Covergirl« in seinem Sender, dem Westdeutschen Rundfunk, kennengelernt. Auch dort waren wir mit unseren Aufnahmen ständige Gäste in den Unterhaltungsprogrammen. Davon wußte ich in Wien nichts. Wir spielten unsere langen Serien, und ich habe manches schöne auswärtige Film- und Fernsehangebot absagen müssen.

Aber ich habe damals auch Disziplin für mein ganzes weiteres Berufsleben gelernt, und ich gebe es immer wieder an junge Kollegen weiter:»Die Leute, die in die hundertvierzigste Vorstellung kommen, haben genausoviel bezahlt wie die, die in der vierzehnten sitzen. Also haben sie ein Anrecht auf eine

Man hat's nicht leicht!
Jetzt sitz' ich da seit Tagen rum
und wart', daß dieses G'lumpert amol läut'!
1957 als »Callgirl«

saubere, disziplinierte Vorstellung. Es kann jeden Tag jemand Wichtiger da sein, vor dem man sich nicht blamieren darf!« Eines Abends gab der deutsche Altbundespräsident Theodor Heuss uns die Ehre. Er kam in Begleitung des Kulturattachés der deutschen Botschaft Er verstand jede Pointe, lachte viel und applaudierte uns kräftig. Nach der Vorstellung besuchte uns der alte Herr hinter der Bühne, er unterhielt sich lange mit Helmut Qualtinger und zeigte überhaupt keine Lust, nach Hause zu gehen. Sein Begleiter fragte immer wieder vorsichtig, ob denn der Herr Präsident noch nicht müde sei. Er war es überhaupt nicht. Auch nicht Stunden später, als er mit uns in angeregtem Gespräch im Hinterzimmer der Marietta-Bar saß ...

Natürlich hatten wir nicht nur Zuschauer, die so große Klein-kunst-Kenner waren wie Theodor Heuss. Für viele »gehörte es sich einfach, zum Qualtinger zu gehen«. Man wußte schon, daß in dem Kabarett auch »ganz schön böse Sachen« vorkamen. Aber es war ja alles so gefällig verpackt ... und so musikalisch ... Wie glücklich war das Persianer- und Krokotaschenpublikum, als Qualtinger und Bronner in Altwiener Heurigenadjustierung auf die Bühne kamen, mit Pepitahosen und Samtjacken, und in Schusterterzen von der »guaten alten Zeit« zu singen anfingen. Ja, nickten da die feinen Reichen, »die da oben können's auch anders, wienerisch, gemütlich«. Die Kabarettwelt schien in Ord-nung. Als aber auf die heurigenselige Vorstrophe der Refrain folgte: »Die alte Engelmacherin vom Diamantengrund, die gibt's heut' nimmer mehr ... so manchem Mäderl, das in Not war und vor Angst und Scham halb tot war, hat gerettet sie die Ehr'«, da blieb ihnen der Mund offen – »... und war ihr Werk-zeug einmal nicht ganz antiseptisch, dann machte sie statt einem Engerl zwei ...« Abtreibung – im Kabarett – nein, so was – wo man doch hingeht, um sich zu amüsieren! Aber sie haben ge-lacht – und sich die Texte gemerkt und die Platten später ihren Kindern vorgespielt und die schon wieder der nächsten Gene-ration. So sind einige Texte Kabarett-Klassiker geworden.

Als unlängst ein Sportreporter über ein Tennismatch berichtete, in dem ein Holländer namens Siemerink spielte, sagte sofort ein Kollege darauf »Kapfenberg«. Die Namen der beiden Fußballclubs Simmering und Kapfenberg sind miteinander verbunden, seit Qualtinger als Travnicek in seinem Urlaubsgespräch festgestellt hatte:»Der Stierkampf, a matte Sache! Simmering–Kapfenberg, das nenn' ich Brutalität ...«

Einmal war ich zu später Stunde das erste Publikum einer Kabarett-Szene, die, nicht nur unter Schauspielern, unvergessen ist. Wir saßen zu dritt in der winzigen Gemeindebauküche der Qualtinger-Wohnung in der Daringergasse, Helmut, Bill Grah und ich. Das große Kind Qualtinger wollte wieder einmal nicht schlafen gehen und hatte uns, die wir im Nebenhaus wohnten, überredet, noch auf einen letzten Schluck zu ihm zu kommen. Wir hockten auf Küchenstockerln. »Pst, leise«, sagte Helmut, »daß wir den Christian nicht aufwecken.« (Christian Heimito, der Sohn, war damals ein Baby.) Dann zog er ein Manuskript aus der Innentasche seines Sakkos, streifte es glatt und sagte: »Des hab' i heut' g'schrieb'n, das möcht' ich euch vorlesen ...« Und er begann: »Wann warst du in Mährisch-Ostrau? – Neunzehnhundertsechsundzwanzig! – Das war eine schlechte Saison ...« Der Dialog der beiden alten Mimen, die großspurig von ihren angeblichen Erfolgen in der böhmisch-mährischschlesischen Provinz erzählen und träumen:»In Linz müßte man sein ... Jaaa, in Linz!«

Als er fertig war, fragte er uns:»Na, wie g'fallt's euch?« Wir waren begeistert. Ich wagte einen kleinen Einwand:»Eine Schauspieler-Szene! Glaubst du nicht, daß das nur etwas für Insider ist?« Darauf er, sehr klug:»Wenn eine Nummer stimmt, ist der Beruf ganz wurscht. Dann können es genausogut Zahnärzte sein!«

Qualtinger hat die Szene sieben Monate lang jeden Abend im »Dach'l über'm Kopf« gespielt, mit Johann Sklenka als wunderbarem Partner. Ich bin oft an der Seite der Bühne gestanden und habe die Reaktionen des Publikums beobachtet. Die Leute haben gejubelt. Eine herrliche Szene! Als ich nach Deutschland gegangen bin, da waren mir die Pointen aus »Der Menschheit Würde« schon vorausgeeilt. Da blödelten die Kollegen in München schon: »... morgen hab' ich einen Funk, Kinderstunde, Schneewittchen, spiele einen Zwerg« – »Welchen?« – »Den vierten.« – »Ich habe einmal den siebenten gespielt, das ist die viel bessere Rolle.« – »Wie legst du ihn an?« – »Hintergründig!«

Viele haben diese Rollen seither nachgespielt, Gert Fröbe, Will Quadflieg, Otto Schenk. Ich habe immer noch den Ton und die Pointierungen von Qualtinger und Sklenka im Ohr. Für mich sind sie bis heute unerreicht.

»Blatt'l vor'm Mund« und »Glas'l vor'm Aug'« haben wir im Intimen Theater in der Liliengasse gespielt. Darauf folgte »Spiegel vor'm G'sicht«, eine Saison lang, live im Fernsehen, und im Herbst 1959 zogen wir ins Neue Kärntnertor-Theater in der Walfischgasse, wo wir bis zum Mai 1961 geblieben sind. »Dach'l über'm Kopf« und »Hack'l vor'm Kreuz« waren die Titel unserer letzten gemeinsamen Programme. Dann löste sich das Team auf.

Es war wohl an der Zeit. Es herrschte keineswegs Harmonie hinter der Bühne des Kärntnertor-Theaters. Ich habe mich gewundert, wie das Team der Münchner Lach- und Schießgesellschaft es geschafft hat, in ein und derselben Besetzung weit über zwanzig Jahre zusammenzubleiben.

Wir trennten uns, ohne Abschiedsfeier, ohne Tränen und große Worte. Einige hatten sowieso nur noch via Einschreiben miteinander kommuniziert. Helmut Qualtinger meinte: »Wir sind institutionalisiert« und: »Anerkennung kann gleichzeitig Vernichtung bedeuten.« Die Presse schrieb: »Der ungekrönte König des Kabaretts tritt ab.«

Ich war ganz froh, nicht mehr jeden Abend zu spielen. Nun werden ja all die Angebote kommen, die ich immer ausschlagen

Wir trennten uns, ohne Abschiedsfeier,
ohne Tränen und große Worte.
Mit Helmut Qualtinger in »Hack'l vor'm Kreuz«

mußte, dachte ich. Doch aus Wien kam – nichts! Aber aus München, wohin es damals viele Kollegen gezogen hat. Und es war nicht irgendein Angebot. Man fragte mich, ob ich an der Isar das zauberhafte Musical »Irma la Douce« spielen wolle. Die »Irma« gehörte damals zu den Traumrollen. Natürlich wollte ich. Das Stück lief zweihundertmal en suite.

Als ich meine Koffer packte und zu Silvester 1961 Richtung München losfuhr, wußte ich, daß das mein Abschied vom Kabarett war. Daß ich erst dreißig Jahre später wieder zurück nach Wien ziehen würde, habe ich mir auf dieser Fahrt über Schnee und Eis auf einer keineswegs fertigen Autobahn nicht gedacht.

Die »Irma« gehörte damals zu den Traumrollen.
Neuanfang in München: 1962 als »Irma la Douce«
(mit Hans Clarin und Lukas Ammann)

Der Qualtinger

... Liebling und Geißel Wiens,
Todfeind und Wahrzeichen Wiens ...

(Hans Weigel)

Zum ersten Mal gesehen habe ich ihn im Studio der Hochschulen, einem Studententheater, wo man mit großer Ambition und kleinstem Etat interessantes Theater gemacht hat, ein Kapitel Wiener Theatergeschichte. Das Stück hieß »Die Rechenmaschine«. Er war noch recht schmal damals, aber er brauchte keine Leibesfülle, um aufzufallen. Die nächste Station war das Kleine Theater im Konzerthaus. Damals habe ich auch seinen treuen Trabanten Otto Kobalek kennengelernt. »Das ist mein Freund, der Arbeiterdichter Kobalek«, hat ihn der Helmut immer vorgestellt. Ob und was Freund Kobalek gedichtet hat, weiß ich nicht. Ich erinnere mich aber sehr gut daran, daß der Kobalek noch einen anderen Freund dabeihatte, gut versteckt, in der Innentasche seines dicken, alten Wintermantels, das Schnapsflascherl. Zusammen mit dem getreuen Kobalek und etlichen anderen, die die Nähe des jungen Genies im »Underground« gesucht haben, ist der Qualtinger durch das nächtliche Wien gezogen und hat verrückte Dinge ausgeheckt. So hat er zum Beispiel einmal ein großes U von einer Reklametafel abmontiert, feinsäuberlich verpackt und mit einem vorzüglich formulierten Begleitbrief an den Unterrichtsminister geschickt. Inhalt des Briefes: Die dringende Forderung nach Abschaffung des »U« aus der Unterrichtssprache, denn erwiesenermaßen beinhalteten alle Wörter mit *u*nsittlicher, *u*nseriöser und *u*nschöner Bedeutung diesen schon in seiner Form anstößigen Vokal. Der Minister war der Befürworter eines

Mit dem Qualtinger befreundet zu sein war schön,
aber auch aufregend und anstrengend.

sehr unpopulären Zensurgesetzes gegen Schmutz und Schund und hieß Hurdes. Einen Absender hat er auch angegeben, die Adresse des damals gefürchteten Kritikers Hans Weigel. Als man Weigel dafür ins Ministerium zitierte, soll er nur verärgert abgewunken haben:»Das ist der Qualtinger!«
Später wurde Weigel sein Freund und einer seiner glühendsten Verehrer. Ich glaube, man kann den Qualtinger nicht besser beschreiben, als Hans Weigel es getan hat:

Ich kenne keinen zersetzenderen Patrioten als ihn, Liebling und Geißel Wiens, Todfeind und Wahrzeichen Wiens, Wurstel und Richter, Sprachrohr und Galionsfigur.

Ein Coup besonderer Art gelang dem noch nicht Dreiundzwanzigjährigen mit der Erfindung des Eskimodichters Kobuk. Qualtinger hatte bei einer Freundin im Büro des PEN-Clubs Briefbögen mitgehen lassen und darauf den Redaktionen der Wiener Tageszeitungen die Ankunft des namhaften Dichters aus Grönland angekündigt. Kobuk, der Autor der»Brennenden Arktis«, hieß es in der gefälschten PEN-Club-Aussendung, habe auch außerhalb seiner Heimat einen beachtlichen Leserkreis. Die MGM in Hollywood habe soeben eines seiner Werke zur Verfilmung erworben. In Wien wollte Kobuk mit mehreren Theatern wegen der Aufführung seines Dramas»Einsames Iglu« und der Komödie»Republik der Pinguine« verhandeln.
Alle sind ihm reingefallen.»Keinem der Redakteure war es eingefallen, hinter diesem Pinguinenzauber eine vollfette Ente zu vermuten«, stand in einem großen Bericht über den jungen Eulenspiegel aus Wien in der deutschen»Welt«, und weiter: »... Qualtinger konnte seinen ›Ruhm‹ als Bohemien, als Promenadenmischung von Schriftsteller, Schauspieler, Kabarettist und Spaßvogel erneut festigen.«
Das alles liegt weit zurück. Aber immer wieder werde ich gefragt, wie war er denn, der Qualtinger, was war er für ein

Mensch, wie war er als Kollege? War er so ›gewaltig‹, wie er in seinen letzten Lebensjahren oft gewirkt hat? Wenn das so einfach zu beantworten wäre! Also, ›g'waltig‹, das Wortspiel liegt bei seinem Namen nahe, ist er sicher nie gewesen, wenn er seine Blicke auch noch so dräuend ins Publikum werfen konnte. Daß er sehr sensibel war, muß man nicht eigens betonen. Ein Mensch von seiner künstlerischen Qualität kann gar nicht unsensibel sein. Aber er machte einen sehr robusten Eindruck, damals, in der Kabarett-Zeit. Er war eine dynamische Kugel mit einem Hirn, das nie zum Stillstand kam. Er war sehr musikalisch, er hatte ein sehr gutes Gefühl für Rhythmus und Jazz. Er hat gern gesungen. Er hat die Lieder, die er kreiert hat, geprägt. Das merkt man schmerzlich, wenn andere *seine* Nummern interpretieren, selbst, wenn es der Autor ist. Dann ist auf einmal »Der Papa wird's schon richten« gar nicht mehr so gut.

Er war behende, springlebendig. Es war ein Riesenspaß für ihn, wenn er auf der Bühne ein paar Tanzschritte machen mußte, und er tat das sehr elegant, der »Dicke« war äußerst graziös. Was für eine Schuhgröße er hatte, habe ich vergessen, aber an seine Hände erinnere ich mich genau. Sie waren klein, die Nägel meist lang und selten sauber. Ich habe einmal den Fehler gemacht, ihm zu sagen: »Du, die mußt du aber einmal schneiden.« Da hat er drei Wochen nicht mit mir geredet, als hätte er Angst vor der Schere, als wäre sie etwas Gefährliches, wie das Messer eines Chirurgen.

Ärzte waren überhaupt ein Kapitel für sich. Mit seinen Beschwerden, seiner Gastritis zum Beispiel, ist er nicht zum Arzt gegangen, darüber hat er zusammen mit seinem Freund Carl Merz Kabarett-Nummern geschrieben.

TRAVNICEK: I hab' mir denkt, gehst zu einem berühmten Arzt.
Wer ist ein berühmter Arzt? Ein Chirurg! Er schaut mich an,
auf einmal sagt er ›Uijegerl‹ und will mich schneiden.
FREUND: Na, und was haben Sie gemacht?

TRAVNICEK: I bin zu einem Internisten gegangen.
FREUND: Was hat der gesagt?
TRAVNICEK: Er hat g'sagt, i soll zu einem Chirurgen gehen.
Da san alle im Bandl. Sogar die Zahnärzte!

Ein renommierter Wiener Zahnarzt hatte ihn einmal in einem
sehr höflichen Brief in seine Praxis eingeladen und sich erbötig
gemacht, den verehrten Qualtinger auf alle Reparaturen ein-
zuladen. Natürlich ist er nie hingegangen. Aber als »Travnicek«
sagte er:

TRAVNICEK: I komm zum Zahnarzt, mach den Mund auf, er
schaut eine und sagt:»Sie traun Ihna was.«
FREUND: Und was hab'n Sie g'macht?
TRAVNICEK: Ich hab'n wieder zuag'macht und bin wegge-
gangen. Ich bin froh, daß ich mei Gastritis hab'.

Der Dicke, der »Blade«, wie man in Wien gern – ein bisserl
abwertend – sagt! Wie viele haben gemeint, sie würden eine
Qualtinger-Karriere machen, weil sie auch hundert oder mehr
Kilo auf die Waage brachten, und wie viele haben sich getäuscht.
   Sein Schädel war groß, die stark gewellten Haare meist sehr
kurz geschnitten. Er hatte kleine, schöne Ohren. Wehe, es hat
einer zu ihm gesagt:»Du mußt aber ein süßes Kind gewesen
sein«! In einem Bildband, der nach seinem Tod erschienen ist,
kann man ihn auch als Dreijährigen sehen: Ein Barockengerl
mit goldenen Locken. »Ich war schon als Kind nicht sehr jung,
daran hat sich bis heute nichts geändert« gehört zu den viel-
zitierten Qualtinger-Aussprüchen.
   Telephoniert hat er für sein Leben gern. Er hat uns alle genarrt mit seinen Telephonspäßen. Er hat sie alle drangekriegt,
Politiker und Journalisten, Filmproduzenten und Bühnenstars,
Freund und Feind. Er hatte eine besondere Begabung, die Stimme und den Tonfall anderer Leute nachzuahmen. Entscheidend

waren natürlich die Geschichten, die er sich für seine Opfer ausgedacht hat. Sie waren oft recht absurd, aber letztlich doch glaubwürdig. Manchmal mußte ich ihm dabei assistieren, ob ich wollte oder nicht.

Da war auch eine schlimme Geschichte: Helmut Qualtinger hatte am Vorabend einen längeren Zug durch die Stammbeiseln gemacht, natürlich mit seinen Freunden. Darunter war auch der liebenswerte Schriftsteller X. Tags darauf, nach der Kabarett-Vorstellung, sagte der Qualtinger zu mir:»Komm mit zum Telephon, wir rufen jetzt den X an«, und er klärte mich in großen Zügen über den Vorabend auf, der ein reiner Männer-abend gewesen sei, aber eben sehr »feucht«, und der X wisse sicher nicht mehr genau, wie er nach Hause gekommen sei. Meine Aufgabe war, bei X anzurufen und mich als leichtes Mädchen auszugeben, das mit ihm in der vergangenen Nacht in einem Kaffeehaus im zweiten Bezirk, in einer recht obskuren Gegend, einen intensiven Flirt gehabt habe. Mir war nicht sehr wohl in dieser Rolle, aber Helmut hatte schon die Nummer gewählt und übergab mir den Hörer. Er blieb hinter mir stehen und flüsterte mir den Text ein. Aber der Dichter, den ich spre-chen wollte, schlief tief und fest, und seine Frau kam an den Apparat. Nun mußte ich – mit Qualtinger als Souffleur – meine Rolle weiterspielen, ihr sagen, daß X mich unbedingt wieder-sehen wollte und daß er mir Geld für irgendwas versprochen hatte. Und so fort. Schrecklich! Die Ehefrau war konsterniert! Der Qualtinger hat mir damals hoch und heilig versprochen, die Geschichte schnellstens aufzuklären. Angeblich hat aber Frau X ihrem Mann niemals geglaubt, daß das ein Qualtinger-Jux gewesen ist.

Mir war klar, daß auch ich eines Tages an der Reihe sein würde, und ich mißtraute jedem Anrufer. Einmal klingelt mein Telephon, eine dunkle, seriös anmutende Männerstimme mel-det sich:»Hier ist Professor Schmidt, Staatsoper, wir wollten Sie fragen, ob Sie Zeit und Lust hätten, bei einer Schallplattenaufnahme der ›Fledermaus‹ in London mitzumachen.« Dirigent würde Herbert von Karajan sein, Elisabeth Schwarzkopf sollte die »Rosalinde« singen, Rita Streich die »Adele«. Mir bot er die »Ida« an.

London, Karajan, Schwarzkopf, das war zuviel. Ich sagte: »Überleg dir was anderes, Qualtinger« und hängte ein. Kurz darauf erneutes Telephonklingeln, wieder die seriöse Stimme, nur mit etwas mehr Nachdruck: »Hier ist Professor Schmidt, Staatsoper ...« Es stimmte. Ich war im siebenten Himmel. Ich bin zum ersten Mal geflogen, war zehn Tage in London und habe unter Karajan in einer Weltklassebesetzung die »Ida« in der »Fledermaus« gegeben.

Mit dem Qualtinger befreundet zu sein war schön, aber auch aufregend und anstrengend. Man mußte immer damit rechnen, daß plötzlich aus dem Freund ein Feind werden konnte. Auch mir passierte es. Ein rascher Kostümwechsel hinter der Bühne hatte nicht so geklappt wie in den vielen Vorstellungen zuvor (und beim Kabarett muß es ja meist viel schneller als beim Theater gehen, da kommt es auf Sekunden an), ich hatte wohl einen halblauten Fluch ausgestoßen, Qualtinger ging mitten in einer Szene ab und rief in die Gegend unseres verunglückten Kostümwechsels: »Mit dir red' ich nie mehr im Leben ein Wort!«

Und er hat sich eine Weile daran gehalten. Wir spielten weiter jeden Abend, wir sangen Duette, ich saß auf seinem Schoß, wir tanzten Boogie, blickten uns in einer Opernparodie tief in die Augen, aber nach der Vorstellung redete er nicht mit mir, ja er verließ Lokale, wenn ich zur Tür hereinkam. Szenen einer Kabarett-Ehe. Aber ebenso schnell wie Helmuts Verdammnis über mich gekommen war, wurde sie wieder aufgehoben, ohne Kommentar. Und dann ist man wieder jeden Abend nach der Vorstellung irgendwo zusammengesessen.

Die interessantesten Leute haben sich um ihn geschart wie die berühmten Motten ums Licht, Dichter, Maler, Politiker, und viel zu oft hat der Helmut das Portemonnaie gezogen und für alle bezahlt, und so groß waren unsere Gagen auch nicht. Es gehörten auch viele Mediziner zu seinen Freunden. Eines seiner Lieblingslokale war das Café Klinik, gleich beim Allgemeinen Krankenhaus, wo Ärzte aller Fachgebiete verkehrten. Oft kamen sie im weißen Mantel herüber, nur schnell auf einen Mokka. Aber sie konnten sich schwer wieder vom Qualtinger trennen. Nicht, weil er sie vielleicht mit hypochondrischen Beschwerden belästigt hätte. Sie fanden ihn amüsant, und er hat für sein Leben gern mit Medizinern gefachsimpelt. Er sprach auch gern davon, daß er eigentlich Arzt habe werden wollen, und er habe ja auch ein paar Semester Medizin studiert ... Ob's gestimmt hat?

Übrigens:»Amüsant« paßt gar nicht zum Qualtinger. Er wollte nie zum»Amüsement« der Leute beitragen. Ich kann mich auch nicht erinnern, daß er jemals einen Witz erzählt hätte.

Das Café Klinik gibt es schon lang nicht mehr. Auch viele andere seiner Stammlokale sucht man heute vergeblich in Wien. Beim Wegenstein in der Nußdorferstraße waren wir oft, in dem schönen Biedermeierhaus, wo man die knusprigsten Ganseln serviert hat und – was damals noch nicht selbstverständlich war in Wien – eine große Auswahl erlesener und teurer Schnäpse. Eines Abends waren wir in einer lustigen Runde von sieben, acht Leuten beim Wegenstein, immer wieder wurden Schnäpse serviert. Ich habe mitgezählt und für jeden Fall auf einem Bierdeckel Stricherln gemacht. Als es ans Zahlen ging, hatte der Herr Ober sich um sage und schreibe sechzehn Schnäpse verzählt, zu seinen Gunsten, versteht sich. Herr Wegenstein wurde gerufen. Er liebte und verehrte den Helmut, und er glaubte uns auch, aber:»Lassen S' mich den Schaden ersetzen«, sagte er.»Ich kann den Kellner nicht rausschmeißen, so einen wie ihn find' ich nicht mehr ...«

In das Wegenstein-Haus ist ein Supermarkt eingezogen mit grellen gelb-roten Werbeplakaten. Und im einstigen Falstaff wird heute feine Inneneinrichtung angeboten. Das Falstaff gegenüber der Volksoper war für seine gutbürgerliche Wiener Hausmannskost berühmt. Nobellokale hat der Qualtinger nie sehr gemocht. Im Falstaff saßen Geschäftsleute aus der Umgebung, Zuschauer der Volksoper und natürlich viele Sänger und Schauspieler.

Gleich beim Eingang neben der Theke stand der Jerschabek. Er gehörte zum Inventar. Er war kein Angestellter, eher eine Art Maskottchen. Jerschabek war sehr klein, sehr lieb und lächelte immer. Er sei ein entmündigter ehemaliger Friseur, hieß es. Er freute sich, wenn ihm einer ein Bier spendierte – und lächelte. Solche Typen liebte der Qualtinger. Er hat oft ein Bier mit dem Jerschabek getrunken und ihm immer wieder versprochen: »Einmal spielst du bei uns mit, Jerschabek.«

Und so geschah es. Es war üblich, daß bei Jubiläumsvorstellungen, der hundertsten, hundertfünfzigsten, berühmte Leute und Kollegen von anderen Theatern bei uns auftraten. In der Szene mit den beiden Mimen ist zum Beispiel auf das Stichwort »Wer hat eigentlich den Ifflandring bekommen?« Josef Meinrad wortlos über die Bühne gegangen. In einer Opernparodie trat unvermittelt ein bekannter Tenor aus der Staatsoper gegenüber in Kostüm und Maske auf. Auch Politiker waren unter den prominenten Statisten.

In so einer besonderen Vorstellung brachte Helmut den Jerschabek mit auf die Bühne und stellte ihn uns als den Dichter Fritz Hochwälder vor. Jerschabek stand stumm da und lächelte. In der Pause kamen etliche der prominenten Zuschauer hinter die Bühne, um uns zu gratulieren, so auch der damalige Vizekanzler Pittermann. Der sieht den Jerschabek, stürzt auf ihn zu, schüttelt ihm die Hand und sagt: »Ich freue mich so, daß ich endlich Gelegenheit habe, unseren großen Dichter Hochwälder kennenzulernen.« Die einzige Ähnlichkeit zwischen Hochwälder und Jerschabek bestand in ihrer geringen Körpergröße.

Zweimal haben wir in der sommerlichen Kabarettpause gemeinsam bei den Salzburger Festspielen mitgewirkt, 1958 in »Spiel um Job« von Archibald MacLeish und 1959 in »Donnerstag«, einer Uraufführung von Fritz Hochwälder. Regisseur war in beiden Fällen Oscar Fritz Schuh, der, anders als viele seiner Kollegen, kein Vorurteil Kabarettisten gegenüber hatte. Im Gegenteil. »Beim Kabarett lernt man, sofort in eine Szene einzusteigen, was viele altgediente Theaterschauspieler nicht können«, war seine Meinung.

So ein Salzburger Sommer bedeutete für mich einen Einsatz fast rund um die Uhr. Meist habe ich den Helmut in meinem VW zur Probe abgeholt. Mittags wollte er natürlich nicht allein essen gehen oder durch die Stadt streunen. Es verging kein Tag, an dem er nicht ein neues Restaurant entdeckt hat, ein liebes Beisl gefunden oder einen kleinen Schnapsbrenner in der Getreidegasse ...

Einmal hat er mich überredet, in unseren Theaterkostümen durch die Mozartstadt zu flanieren. Meines war nicht sehr auffällig, aber ihm war von unserem Ausstatter, dem großen Caspar Neher, eine amerikanische GI-Uniform verpaßt worden. »Jessas, die Amis sind wieder da!« ging es wie ein Lauffeuer durch die Festspielstadt. Das war 1958, drei Jahre nach dem Abzug der Alliierten. Wenn es ihm wieder einmal gelungen war, seine Umwelt zum Narren zu halten, dann freute ihn das diebisch.

Meist trug er auch seine Draculazähne, die ihm ein befreundeter Zahnarzt ›nach Maß‹ zum Überstecken angefertigt hatte, in der Tasche. Und als besondere Auszeichnung hat er das furchterregende Juxgebiß auch »verliehen«, als »Iffland-Gebiß« sozusagen, an unseren lieben Burgtheaterkollegen Heinrich Schweiger zum Beispiel, der für jeden Spaß mit dem Qualtinger zu haben war.

Wir zogen mit etlichen Kollegen zum Abendessen in den Peterskeller. Hans Jaray war dabei und seine hübsche junge Frau Sylvia Lydi und der geliebte Kurt Sowinetz. Heini Schweiger hatte den Mund über den Draculazähnen fest geschlossen. Schwierig, etwas zu bestellen. Qualtinger besorgte es für ihn, und als Schweiger »Ein Viertel Wein« zwischen den Zähnen hervorstieß, sagte der Qualtinger mit bedeutungsvollem Blick zum Kellner: »Apfelwein, Apfelwein.« Das Essen kam, der arme Schweiger nahm verstohlen die Zähne aus dem Mund, verschlang hastig seine geröstete Leber und stürzte den ungeliebten Apfelsaft hinunter. Der ›Rosenkavalier‹, ein Salzburger Original, kam an den Tisch und wollte seine Langstieligen loswerden. Helmut zischte ihm zu: »Gehen S' weiter, gehen S' weiter, er ist ganz harmlos, aber er ißt gern Blumen ...«

Langsam wurde es unruhig im Lokal. Da trat ein Freund von uns an unseren Tisch und berichtete, daß der Dichter Richard Billinger eben gekommen sei und in einer entfernten Ecke Platz genommen habe. Das war für den Eulenspiegel ein willkommenes Stichwort. Er stand auf und marschierte in Richtung Billinger, mit Heinrich Schweiger im Schlepptau. Höflich entschuldigte sich Qualtinger bei Billinger für die Störung, aber sein Begleiter, der Johann Steiner, sei ein so großer Verehrer des Dichters und sein sehnlichster Wunsch sei ein Autogramm mit persönlicher Widmung. Schweiger spielte sofort mit und zischte durch die Leihzähne: »Ich habe in der Anstalt alle Ihre Werke gelesen ...« Qualtinger beruhigte den erschreckten Billinger, der Hansi sei ganz harmlos. Das wollte der Dichter gern glauben, aber unheimlich war ihm der Kerl schon, der da mit seinem »Wärter« vor ihm stand. Also schrieb er schnell das gewünschte Autogramm auf einen Bierdeckel, und die beiden zogen ab. Wir haben uns inzwischen die Wangen zerbissen, um nicht laut loszulachen. Nur dem feinen Hans Jaray war die Sache ein bißchen peinlich.

Am nächsten Tag hatte der neueste Qualtinger-Streich nicht nur in Salzburg, sondern auch in Wien und in München bereits die Runde gemacht: »Für Hansi Steiner herzlichst Richard Billinger«.

So ein Salzburger Sommer bedeutete für mich
einen Einsatz fast rund um die Uhr.
Uraufführung von Fritz Hochwälders »Donnerstag«
bei den Salzburger Festspielen 1959
(mit Helmut Qualtinger und Otto Bolesch)

Er hat so gern »gespielt«. Und er hatte so viele ungeschriebene Rollen in seinem Repertoire.

»Theater war zeit seines Lebens seine Passion«, sagte einer seiner Weggefährten. Auf der Bühne war er ein keuscher Interpret. Bei ihm gab es nicht diesen »Na, bin ich nicht gut«-Blick in den Zuschauerraum, den man von so vielen Komikern kennt.

Unlängst habe ich ein Dokument seiner frühen Theatertätigkeit gefunden.

Wiener Schauspielschüler
und Luftwaffenhelfer des Flakturms Arenbergpark
führen im Theatersaal des Hotels Dreherhof, Wien 3,
am Samstag, 20. 5. 1944, um 18.30 Uhr,
und am Sonntag, 21. 5. 1944, um 18.30 Uhr
die Posse mit Gesang in 4 Akten
»Nur keck« von Johann Nestroy auf.
Hauptrollen: Helmut Qualtinger und Walter Kohut
Spielleitung: Helmut Qualtinger
Bühnenbild: Kurt Sowinetz

Qualtinger war damals fünfzehneinhalb Jahre alt, ebenso wie Sowinetz, Kohut ein Jahr älter. Die drei Buben, der Helmut, der Kurti und der Walter, alle drei sind nicht mehr da. Die Erinnerung an sie ist schmerzlich.

Helmut Qualtinger ist am 29. September 1986, kurz vor seinem 58. Geburtstag, gestorben. Die Stadt Wien hat ihm ein Ehrengrab gewidmet, der Gemeindebau im 19. Wiener Bezirk, in dem wir gewohnt haben, heißt heute Helmut-Qualtinger-Hof. Eine fünfbändige Qualtinger-Werkausgabe ist erschienen, Magister- und Doktorarbeiten wurden über ihn geschrieben. Wer hätte das seinerzeit gedacht, als man ihn mitsamt seinem »Herrn Karl« am liebsten auf dem Scheiterhaufen gesehen hätte, »offiziell abgeschafft«, des Landes verwiesen.

Die Auslandsjournalisten haben ihn damals zum »Man of the Year« gewählt.

Der Dichter H. C. Artmann erinnert sich an ihn:»... er war ein hochgebildeter Humanist ... sehr belesen ...«

Der Bildhauer Alfred Hrdlicka schrieb nach seinem Tod: »Österreich hat einen Gerechten verloren, der den Mut gehabt hat, zu sagen, was er denkt ...«

Der Dramatiker Peter Turrini, gute zwanzig Jahre jünger als Helmut Qualtinger:»Er war ein Virtuose des Unbehagens und sicher einer der in seiner Seele schlankesten Menschen, die man sich vorstellen kann, ein intellektueller und kluger Mensch, und daß ausgerechnet dieser in seinem Denken so genaue Mensch als ›Quasi‹, also als die Inkarnation der Beliebigkeit und als Fettwanst, durch die Welt geschritten ist, ist eine unglaubliche Tragödie. Seine ganz zarte Seele wollte diesen fetten, monströsen Körper loswerden. Und sie ist ihn losgeworden, diesen Körper, durch maßlose Selbstzerstörung.«

Widmung von Helmut Qualtinger

Chesterfield

»Ang'fangt hat's mit Chesterfield ...« · *Der Chansontext,*
der an mir hängengeblieben ist

In meinem Arbeitszimmer hängt ein Plakat, das mir ein Freund
vor ein paar Jahren geschenkt hat. Er berichtete stolz, daß er
es in Paris entdeckt hatte. Es habe ihn sofort an mich erinnert,
und deswegen *mußte* er es mir mitbringen. Auf dem Plakat
lächelte mir mit makellosem Gebiß der Hollywoodmime und
spätere Präsident der Vereinigten Staaten, Ronald Reagan, entgegen.

Nun bin ich niemals ein Fan des Strahlemanns Ronnie gewesen, nicht als er der »mächtigste Mann der Welt« war und
auch nicht in den Jahren seiner Filmtätigkeit. Die habe ich
damals nämlich gar nicht wahrgenommen. Als er ins Weiße
Haus einzog, erzählte man sich bei uns höchstens: »Das ist
doch der, der einmal mit Jane Wyman verheiratet gewesen ist ...«
Jane Wyman war damals ein berühmter Filmstar. Warum also
dieses Geschenk für mich?

Ronald Reagan wirbt auf dem Plakat für – Chesterfield. Das
war's. »I am sending Chesterfields to all my friends«, steht da,
»that's the merriest Christmas any smoker can have.« Die
fröhlichsten Weihnachten also mit Chesterfield. Einen der
Glimmstengel hat Reagan fesch zwischen die Zähne geklemmt.

Der Freund wurde durch die Zigaretten an mich erinnert.
Heute weiß ich, er ist nicht der einzige, dem es so geht.

»Ich rauch' immer Chesterfield«, habe ich seinerzeit in unserem Kabarettprogramm »Dach'l über'm Kopf« gesungen. Ein
Jahr später bin ich nach München gegangen und habe dann

In meinem Arbeitszimmer hängt ein Plakat, das mir ein
Freund vor ein paar Jahren geschenkt hat.

viele Jahre fast ausschließlich in Deutschland gelebt und gearbeitet, viele schöne Rollen gespielt. Mit dem Kabarett hatte ich nichts mehr zu tun. Nun bin ich wieder in Wien und freue mich natürlich, daß man mich hier nicht vergessen hat und viele die Kabarettzeit, die so lange zurückliegt, noch in glanzvoller Erinnerung haben. Und ich höre immer wieder:»Chesterfield. Ang'fangt hat's mit Chesterfield. Alles wegen die Chesterfield, das waren Zeiten ....«

Ob ich will oder nicht, ich muß dieser Zigarette ein Kapitel widmen.

Um es gleich einmal festzuhalten, ich rauche nicht – mehr. Und als ich noch den Glimmstengeln verfallen war, ist die Chesterfield auch nicht meine Leibmarke gewesen. Aber ich kann mich noch ziemlich genau erinnern, wann und wo ich so ein Zigarettenpackerl zum ersten Mal gesehen habe. Das war so um 1950, bei unserer Hausmeisterin Rosita in der Theobaldgasse im sechsten Bezirk. Auf ihrem Küchentisch lag nicht nur ein Päckchen, sondern eine ganze Stange Chesterfield.

Man macht sich heute keine Vorstellung, was man damals im Tausch, oder sagen wir gleich im Schleichhandel, dafür bekommen konnte. Eine Stange kostete auf dem schwarzen Markt 250 bis 300 Schilling. Ein Kilo Rindfleisch etwa 40 Schilling. In dem schönen Theater Die Insel in der Johannesgasse (heute Metro-Kino) verdiente ein Schauspieler 150 Schilling im Monat. Ein Statist beim Film bekam 40 Schilling pro Tag, in der Volksoper zahlte man den Komparsen 7,30 Schilling pro Abend.

Rosita, trotz des spanischen Namens ein waschechtes Wiener Kind, rauchte wie Carmen und ihre Kolleginnen in der Tabakfabrik in Bizets Oper. Aber mit dem, was von der kostbaren Stange übrigblieb, hat sie nur Gutes getan. So zum Beispiel schenkte sie auch uns immer wieder ein Packerl der damals so wertvollen Zigaretten. Rositas Gaben haben in den schlechtesten Zeiten geholfen, meine kleinen Brüder, meine Eltern und mich zu ernähren.

Ach, ich habe ganz vergessen zu erzählen, wer der Wohltäter unserer Wohltäterin gewesen ist. Er hieß Herman und war Sergeant der US-Army, stationiert in der Stiftskaserne im siebenten Bezirk. »Hörmen« hat Rosita ihn immer gerufen. »Hörmen« sprach nicht gut Deutsch, und Rosita, seine Geliebte, die kein gewöhnliches Amimädchen gewesen ist, nur ein paar Brocken Englisch. Die Schülerin Louise hat manchmal gedolmetscht. Wir waren damals fast so etwas wie eine Großfamilie, mit Rosita als Nährmutter. Herman kam jede freie Minute, beladen mit Zigaretten, Schokolade und anderen Kostbarkeiten aus der amerikanischen Zone über die Mariahilfer Straße in die französische Zone, zu seiner Rosita. Das war ein Weg von fünf Minuten und problemlos für den Amerikaner.

Schwieriger wurde es, als meine Eltern ihrem Freund unseren Garten in Klosterneuburg zeigen wollten. Unser Sommerhäuschen war nicht viel mehr als zehn Kilometer entfernt, aber Klosterneuburg war Niederösterreich und somit russische Besatzungszone, und dorthin durfte sich ein amerikanischer GI in Uniform nicht wagen. Der gutmütige baumlange Herman wurde in einen alten Anzug meines viel kleineren Vaters gesteckt, dann stiegen sie in ein teures Taxi – wer Chesterfield hatte, konnte sich alles leisten –, und los ging es in den Schrebergarten. Und es sind auch alle glücklich und unkontrolliert zurückgekommen.

Die Geschichte von Rosita und Herman hat leider kein Happy-End. Als Österreich im Jahre 1955 den Staatsvertrag bekam und die Alliierten abzogen, hat auch der gute Herman seiner Rosita Lebwohl gesagt. »Good bye for good« hieß das, für immer.

Die nächste und sicher die wichtigste Station auf meiner Chesterfield-Reise in die Vergangenheit ist die Bühne des Neuen Kärntnertor-Theaters in der Walfischgasse. Wir hatten wieder ein »Haus«, nach der unbehausten Saison mit »Spiegel vor'm G'sicht« im Fernsehen.

Das neue Programm sollte »Dach'l über'm Kopf« heißen. Mir stand wie immer ein Solo zu. Nicht vertraglich, schriftliche Verträge hatten wir sowieso nicht, aber es war zur Gewohnheit geworden: Chanson Martini als vorletzte Programmnummer. Das war ein sehr guter Platz. In den Jahren vorher hatte ich von Stars und Starlets, Cover- und Callgirls gesungen und mir damit den Ruf einer Sexbombe eingehandelt. Nun hätte ich gerne etwas »Seriöses« gehabt, ein »engagiertes« Thema vielleicht. Aber ich konnte mir das nie aussuchen. Ich bekam einen Text in die Hand gedrückt, keine Noten, die habe ich erst viel später gesehen, als sie gedruckt erschienen sind. Unser geduldiger Klavierbegleiter Kurt Werner studierte mit uns fast alles »nach Gehör« ein. »It's nice to visit Vienna«, fing der Text an – Amerikanerin, mhm, Touristinnengeschichte wahrscheinlich, ein lockeres Geschöpf, das in Wien ein erotisches Abenteuer erlebt, dachte ich. Aber nein, das ging ja ganz anders weiter. Die Dame konnte nicht nur Englisch, sie redete Wienerisch, wie eine vom Grund. »... alles weg'n die Chesterfield, was i die nur braucht hab', nur weil ich die g'raucht hab', bin ich heut als Gast in Wien. I pfeifert stantape auf die Amischmäh, nur fürcht ich, es ist zu spät ...«

Mir war schon auf der ersten Probe klargeworden, daß das ein toller Text war. Die Musik ging so schön ins Ohr. »Chesterfield« war eines der besten Chansons, die ich in der Kabarettzeit zu singen bekommen habe. Eine schöne Geschichte, ein Schicksal erzählt in vier Minuten. »... Ang'fangt hat's vor vielen Jahren, als die Ami war'n in Wien. Damals war a Chesterfield für mich ein Vermögen und die Menschen legen für ein Vermögen sehr viel hin ...« Gerhard Bronner hatte wie so oft den richtigen Text zur richtigen Zeit geschrieben.

Ende der fünfziger Jahre tauchten viele ehemalige Amibräute in Wien auf, die drüben Karriere gemacht hatten, sprich wichtige Männer geheiratet, sich von den unwichtigen getrennt hatten, und die jetzt herzeigen wollten, wie weit sie es gebracht

Mir war schon auf der ersten Probe klargeworden,
daß das ein toller Text war ... Eine schöne Geschichte, ein Schicksal
erzählt in vier Minuten.
Bei einer Probe für das »Chesterfield«-Chanson

hatten. So auch das Vorbild für das Chesterfield-Girl. Das war eine sehr hübsche Schauspielerin, die nach dem Krieg in Wien gespielt hatte. Damals war sie mit einem netten Amerikaner in Zivil verheiratet, ging mit ihm in die USA, und ich hatte von da an nichts mehr von ihr gehört, bis ... bis ich eines Abends zu meinem Solo auf die Bühne kam, elegant gekleidet, schwarzes, schmales Kleid, todschicker Zobelhut mit beinahe echter Brillantnadel, Zobelstola. Ich fing an »It's nice to visit Vienna«, warf einen Blick in den Zuschauerraum, normalerweise nimmt man keine einzelnen Gesichter wahr, sieht nur Köpfe, blonde, dunkle, kahle. Aber diesmal sah ich einen, ganz deutlich in der ersten Reihe. Das war sie, das Vorbild. Noch viel eleganter gekleidet als ich. Ich hatte Angst, im Text »hängenzubleiben«, wie wir Schauspieler sagen, wenn einem das nächste Wort, der nächste Satz nicht einfallen will. Und während ich sang: »Ang'fangt hat's mit Chesterfield, jetzt halt ich beim Zobel, doch was da dazwischen war, war net immer gar so schön ...«, dachte ich unentwegt: Wird sie sich wiedererkennen, und wie wird sie reagieren? Sie war schön und verzog keine Miene. Auch als sie mich nach der Vorstellung in der Garderobe besuchte, ließ sie sich nichts anmerken. Die Schöne war inzwischen mit einem Filmproduzenten verheiratet und lebte in Hollywood. Klingt wie ein Märchen oder wie das Thema für ein Kabarett-Chanson.

Das junge Fernsehen

»Dafür absolut nicht tragbar« · »Spiegel vor'm G'sicht« · »Mein Gott, sind Sie lieb im Leben« · »Der Stadtrat Mandl hat mir einst die Hand geküßt ...«

»Als das mit dem Fernsehen losging, das muß doch eine Revolution gewesen sein! Sehen statt immer nur hören! Und das Geld, das ihr da verdient habt!« Wie oft habe ich das hören müssen. Ich habe von einer Revolution nichts gespürt, und gesehen habe ich auch lang nichts davon. Wer hatte denn am Anfang so ein teures Riesenkastl, wie sie in den Elektroläden ausgestellt waren! Und das große Geld?

1954 wurden im Künstlerhaus »Fernsehversuchssendungen« produziert. Die konnte man nur auf den in der Halle aufgestellten Apparaten sehen. Das hat den Leuten gefallen: Der Ernst Waldbrunn im Glaskäfig und gleichzeitig vielfach über die matten Scheiben flimmernd. Ich habe damals auch in einigen Sketches mitgespielt. Soweit ich mich erinnern kann, war meine Gage nicht viel höher als die für eine Schulfunksendung.

Der Leiter des Schulfunks hatte übrigens plötzlich eine maßgebliche Position im Fernsehen. Wieso eigentlich gerade der, habe ich mich gefragt. Der kam einem doch so bieder vor, na ja, eben wie altmodischer Schulfunk, und das neue Medium sollte doch jung, modern und überhaupt ganz anders sein. Viel später habe ich erfahren, Politik, Politik, durch Parteirochaden war der Herr Professor vom Schulfunk zum Fernsehen gekommen.

1. August 1955: Man »ging auf Sendung«. »Für den ersten Tag hatte man eine Begrüßung ausländischer Fernsehgesellschaften vorgesehen, *fünf* Gesellschaften stand in Klammer dabei. Diese Begrüßung fand aus dem einfachen Grund nicht statt,

da man vergessen hatte, die Gesellschaften davon zu informieren und um ihre Zusage zu ersuchen«, schreibt Gerhard Freund, der erste Fernsehdirektor, in seinem Erinnerungsbuch »Fernsehen, nah gesehen«. Und weiter: »Als es getan wurde, war es zu spät, wir erhielten nur Absagen und einen Film, den wir mit unseren Apparaturen gar nicht abspielen konnten.«

Im Programmentwurf für die ersten Wochen findet man unter anderem folgende aufregende, vielversprechende Titel: »Hector in der Taferlklasse – Die Polizeihundeschule in Kagran« oder »›Haben Sie heute gelesen ...?‹ – Publikumsbefragung auf der Straße«.

Sehr interessant muß auch das Samstagabendunterhaltungsprogamm gewesen sein; zur Auswahl stand »Mein Wellensittich lernt sprechen« oder »Wie badet man einen Hund«.

Der damalige österreichische Bundeskanzler Julius Raab soll den denkwürdigen Ausspruch getan haben: »Wer wird sich scho' an Fernsehapparat kaufen!«

Aber es wurde gesendet. Am Anfang nur wochentags von 17 bis 18 Uhr, an Samstagen von 19 bis 20 Uhr. Und das Fernsehen brauchte Ansagerinnen. Eines Tages las ich in einer Fernsehzeitschrift (die Funk- und Filmblättchen hatten sich schnell auf TV umgestellt), ich käme als Ansagerin nicht in Frage. Die weiblichen Zuseher würden ja entscheiden, ob ein Fernsehapparat gekauft und was überhaupt gesehen wird, und da sei es wichtig und richtig, daß die Ansagerinnen brav und bieder wirkten. Und ich wäre zu sexy für den Job ...! So oder ähnlich war es von dem ehemaligen Schulfunkmann, der jetzt im jungen Fernsehen das Sagen hatte, formuliert worden. Ich hatte mich nie beworben und nie auch nur entfernt daran gedacht, Fernsehansagerin werden zu wollen!

Die Prognose des Bundeskanzlers hatte sich als falsch erwiesen. Es wurden Fernsehapparate gekauft. Viele Gasthäuser und Cafés lockten ihre Gäste mit dem Schild: »Heute abend Fernsehen!« oder »Heute Fußball im Fernsehen!« Der Apparat hing meist in einer Ecke unter der Zimmerdecke, so daß man Genickstarre bekam, wenn man länger als zehn Minuten hinaufstarrte. Aber das störte die Fernsehsüchtigen nicht, und so manches Achterl Wein und mancher Große Braune wurden zum Flimmerprogramm konsumiert. So kamen auch die Wirte auf ihre Rechnung. Vor allem natürlich, wenn Rapid gegen Austria spielte oder der Sportclub gegen Admira – oder wenn der Qualtinger mit seinem Kabarett in dem Kastl zu sehen war. Wir wurden plötzlich für die fernsehhungrigen Wirtshaus- und Kaffeehausbesucher ebenso attraktiv wie die Fußballstars.

Nach zwei Spielzeiten im Intimen Theater hatten die Hausbesitzer Gerhard Bronners Mietvertrag nicht verlängert. Das Qualtinger-Kabarett stand buchstäblich auf der Straße. Und da kam das Angebot, im jungen Fernsehen »Spiegel vor'm G'sicht«-Sendungen zu machen. Eine Saison lang standen wir jeden Monat einmal vor den Live-Kameras. Wir mußten schwierige musikalische Nummern in kurzer Zeit lernen, es gab wenig Proben, und es sollte doch alles locker erscheinen, als hätte man das Programm schon monatelang vor Publikum gespielt. Versuchen Sie einmal, den »Bolero« von Maurice Ravel nachzusingen, genau, Note für Note! Das war eine schöne Kabarettnummer, der »Cocktail-Bolero«. Wann immer ich heute den zwingenden »Bolero«-Rhythmus höre – *ram tatata ram tatata ram tatata tatata tatata* –, habe ich den Text von damals im Ohr: »Ja, was ich sagen wollt', wie geht's Ihnen denn?« – »Danke gut.« – »Das find ich schön, es ist so schön, Sie hier zu sehen, und mit dem Cocktailglas herumzustehen« – »Haben Sie was zu trinken ...« Die Monotonie gewisser Cocktailpartys hat sich bis heute nicht geändert.

Helmut Qualtinger kreierte im »Spiegel vor'm G'sicht« einige seiner schönsten Soli. Er war eine hinreißende Annie Rosar in Stimme, Kostüm und Maske, ein täuschend echter Industrieller Mautner-Markhof. Die »Travnicek«-Dialoge wurden Klassiker, ebenso wie »Der Papa wird's scho' richten«.

Ich hatte einmal einen Text zu singen, der anläßlich eines Gastspiels von Zarah Leander geschrieben worden war. Der schwedische Star mit dem Damenbaß gastierte im Raimundtheater, und ein Wiener Boulevardblatt druckte aus diesem Anlaß Auszüge aus ihren Erinnerungen ab, Erinnerungen auch an die Nazizeit, als Goebbels der Diva den Hof machte ... In meinem Text hieß es:»Ich möcht' ein Star sein, ein großer Star sein, doch meine Bemühungen sind für die Katz', käm' ich aus Schweden, könnt' ma drüber reden, doch ich komm' leider nur vom Schwedenplatz ...« (ein keineswegs besonders schönes Plätzchen in unserer an Baudenkmälern so reichen Stadt). Und der Schluß war:»... Glauben Sie, daß ein Zeitungsleser später gierig liest, der Stadtrat Mandl hat mir einst die Hand geküßt? Es ist ja überflüssig, daß man drüber red't, ich glaub' ja nicht, daß das der Stadtrat Mandl tät.«

Hans Mandl war der Kulturstadtrat, und mir war nicht sehr wohl, als ich diesen Text zum ersten Mal las. Nicht, daß ich Angst gehabt hätte, er könnte sich beleidigt fühlen, dazu war kein Grund gegeben. Aber – ich hätte Herrn Mandl viel lieber nicht auf diese Weise auf mich aufmerksam gemacht, sondern durch»seriöse« hochkünstlerische Aktivitäten. Aber dazu hatte ich bis dahin keine Gelegenheit gehabt; und überhaupt, wenn ich einen Chansontext bekam, dann hatte ich ihn auch zu singen. Basta! Durch»hochkünstlerische Aktivitäten« – welche auch immer – wäre ich vielleicht eine wichtige Person geworden, eingereiht in die Liste derer, die man in Grinzing ansiedeln wollte.

Klingt ein bißchen verworren, nicht? Im Klartext hieß das: In der Daringergasse in Grinzing, in einer wunderbaren Gegend im Grünen, wurde eine große Gemeindebauwohnanlage gebaut. Ich wußte, daß Helmut Qualtinger dort eine Wohnung bekommen sollte, ebenso etliche Kollegen vom Burgtheater, vom Theater in der Josefstadt, Journalisten sollten einziehen, sogar ein Atomphysiker stand auf der VIP-Liste. Ich hatte zwar meine liebe, kleine Garconnière unterm Dach, aber wir wohnten inzwischen zu zweit auf den 26 Quadratmetern, und, wer weiß, vielleicht würden wir auch einmal mehr sein ... Bill Grah und ich waren damals jung verheiratet. Also, wenn mir der Kulturstadtrat eine Empfehlung an seinen Kollegen vom Wohnungsressort geben könnte ... Das alles schoß mir durch den Kopf, als ich den Text des Zarah-Leander-Chansons zum erstenmal las. Die Live-Sendung kam, ich sang das Lied, blieb nicht im Text stecken, alles in Ordnung. Etwa vier Wochen später bekam ich einen Brief vom Kulturamt der Stadt Wien. O Gott, Stadtrat Mandl! Was wird da wohl drinnen stehen? Es war ein besonders reizender Brief des Inhalts: Er habe die »Spiegel vor'm G'sicht«-Sendung, in der er apostrophiert wurde, zwar nicht gesehen, sei aber mehrfach darauf angesprochen worden. Er könne sich nicht erinnern, jemals das Vergnügen gehabt zu haben, meine Hand zu küssen, er hoffe jedoch, daß es bald einmal eine Gelegenheit geben werde, das nachzuholen ...

Ich war überglücklich. Dieser Brief war mir mehr wert als zehn gute Kritiken. Aber natürlich hatte ich über all dem Stolz und der Freude nicht meinen sehnlichen Wunsch vergessen: Wohnung, Grinzing, Wohnung! Sollte ich mich gleich bei Stadtrat Mandl bedanken und die Bitte um ein gutes Wort im Wohnungsressort beifügen? Nein, nein, Zeit verstreichen lassen, aber nicht zuviel, sonst hat er mich wieder vergessen. Ich habe Briefe entworfen und nicht abgeschickt. Eines schönen Tages kam ich am Rathaus vorbei und dachte, da drinnen muß er wohl sein Büro haben. Ich fragte mich durch, stand bald in seinem Vorzimmer, er war da und – empfing mich! Ich mußte gar nicht lang überlegen, wie ich ein Gespräch anfangen sollte, denn der überaus liebenswürdige Kulturstadtrat kam auf mich zu, küßte mir die Hand und sagte: »So, das hätten wir« und bot mir Platz an. Worüber wir uns noch unterhalten haben, weiß ich nicht mehr. Das Thema Wohnung habe ich jedenfalls nicht berührt. Das tat ich erst schriftlich ein paar Wochen später, und Stadtrat Mandl hat meinen Brief weitergeleitet. Nachdem ich mehrere Gesuche eingereicht und einen längeren Papierkrieg mit dem Wohnungsamt geführt hatte, bekam ich tatsächlich eine Gemeindewohnung in der Daringergasse zugewiesen. Wie's der Zufall wollte, gleich neben Helmut Qualtinger. Wenn ich genau überlege, war das eigentlich das einzige Mal in meinem Leben, daß ich ein Protektionskind gewesen bin. Aber nicht alle Politiker haben unser Fernsehkabarett und speziell mich gemocht wie der Kulturstadtrat Hans Mandl. In einem vergilbten Zeitungsausschnitt (»Wochenpresse«, 7. Februar 1959) lese ich, daß »Spiegel vor'm G'sicht« möglicherweise das gleiche Schicksal auf dem Zensurschafott kultureller Scharfrichter erleiden könnte wie einst der »Watschenmann« im Rundfunk. Helmut Qualtinger: »Wenn man mich nicht mehr läßt, wie ich will, gehe ich nach München und mache dort weiter. Der Partisanenkampf ist mir nichts Neues, ich führ' ihn schon seit zehn Jahren.«

»Spiegel vor'm G'sicht« war Gegenstand lebhafter Diskussionen im Rundfunkbeirat. Wie sich herausstellte, wurde aber nicht die politische Satire angegriffen, sondern ich! Und mein heftigster Gegner war, wie ich dem Artikel in der »Wochenpresse« entnehmen konnte, der Kulturhüter und Sittenwahrer Gemeinderat Livanec. Er fand mich vulgär. Warum? Ich hatte wohl in einer Szene einen Vamp gespielt im enganliegenden, kurvenbetonenden Kleid. Er fand, man könne auch ordinäre Texte vortragen, müsse dabei jedoch Charme haben. Im übrigen sei ich fürs Fernsehen »einfach untragbar«!

Oh, ihr prüden fünfziger Jahre!

Unsere »Spiegel«-Sendungen wurden live gesendet, erst aus dem Bürgertheater, später aus dem Stadttheater, zwei schönen Häusern mit Geschichte und Tradition, die nicht viel später abgerissen wurden. Band-Aufzeichnungen gab es damals bei uns noch nicht. Ich hatte also nie Gelegenheit, mich zu sehen. Heute weiß ich sehr gut, wie die Scheinwerfer eingestellt sein

... da sei es wichtig und richtig,
daß die Ansagerinnen brav und bieder wirkten.
Und ich wäre zu sexy für den Job ...!
TV-Versuchssendung im Jahre 1956

müssen, damit man ein »gutes Licht« hat. In der großen alten Filmzeit hat man beispielsweise vier (!) Stunden lang eine Großaufnahme von Paula Wessely ausgeleuchtet, und für Marlene Dietrich in Hollywood hat man sich wohl noch mehr Zeit genommen.

In den Pionierzeiten des Fernsehens wurden in den improvisierten Studios einfach »Lichtwannen« aufgehängt. Das war's. Von künstlerischer Beleuchtung keine Rede. Zu erkennen mußte man sein. Einmal bin ich am Tag nach so einer Sendung am Naschmarkt einkaufen gegangen. Meine Standlerin, eine wohlhabende Frau, die natürlich ein Fernsehgerät besaß, begrüßte mich schon von weitem begeistert: »Gestern hab' ich Sie im Fernsehen gesehen!« Dann machte sie eine Pause, musterte mich genau und sagte: »Mein Gott, sind Sie lieb im Leben!«

Mit »lieb im Leben« meinte sie sicher, daß ich im Fernsehen »schiach wie der Zins« ausgesehen habe. Mit schlechtem oder falschem Licht kann man einen Menschen total verschandeln.

»Vulgär« war ich, »fürs Fernsehen nicht tragbar«, wie der Sittenwächter im Rundfunkrat gewettert hatte. Im Rundfunksprechen hatte ich keinen Abschluß im Reinhardt-Seminar bekommen. Und doch habe ich einen sehr großen Teil meines an Arbeit nicht gerade armen beruflichen Lebens vor Kameras und Mikrophonen verbracht.

Kino

In den fünfziger Jahren keine Spielfilme im Fernsehen ·
»Silberwald und Schützenliesl, grüne Heide, leuchtendes
Alpenrot ...« in unseren Ateliers – und die wunderbaren
Produktionen aus England, Frankreich, Amerika

Spielfilme wurden im jungen Fernsehen nicht gezeigt. Die Film-
verleiher, hieß es, stünden dem neuen Medium ablehnend
gegenüber ... Gott, hat sich das geändert! Man mußte sich
damals schon eine Kinokarte kaufen, wenn man seine Film-
lieblinge bewundern wollte. Vor die Fernsehkameras ließen die
sich nicht locken. Über unsere Gagen konnten die Leinwand-
stars nur milde lächeln.

Ins Kino gehen war schön, damals. Es gab in Wien noch so
viele kleine »Flohkinos« mit sehr gutem Programm und mit
Logen zum Schmusen ... Aus den meisten sind Bankfilialen
oder Supermärkte geworden. Schad'! Gleich neben der Kassa
stand das kleine Buffet mit den Zuckerln im Zellophan, mit
denen man die Nachbarn zur Raserei bringen konnte. Das
gelang einem natürlich auch mit dem krachenden Popcorn, das
gerade in Mode gekommen war.

In den großen neuen oder neugestalteten Film-*Theatern*, wo
die Karten viel teurer waren, wurde dem Publikum aber auch
allerhand geboten: Werbung, Kulturfilm selbstverständlich,
Wochenschau. Aber dann lief noch immer nicht der ersehnte
Hauptfilm. Zwischen der »Sascha«- oder der »Fox«-Tönenden
Wochenschau und dem Spielfilm gab es fünfzehn bis zwanzig
Minuten lang Modeschau – live. Die war so raffiniert einge-
bettet, daß man ihr nicht entgehen konnte, ungefähr so, wie
heute die Werbung im Fernsehen. Natürlich wurde da keine
Haute Couture vorgeführt, sondern »Modelle«, wie man sie

jetzt in jedem Bestellkatalog findet, und die Vorführdamen und -herren waren auch keine Starmodels. Das war ein Trüppchen, von dem wohl keiner mehr hoffte, dereinst in die heiligen Hallen des Modezaren Fred Adlmüller aufzusteigen, ein Wanderzirkus, der brav jeden Abend von Kino zu Kino zog. Aber einige hatten auch ihre Fans unter den Kinobesuchern. Der »schöne Edi« zum Beispiel, ein graumelierter Dressman mit dem Charme eines Bonvivants aus einer Dreißiger-Jahre-Komödie. Wenn der Conférencier mit näselnder Stimme ankündigte: »... und für den eleganten Herrn am Nachmittag ... oder Abend ... oder auf Reisen ...«, da betrat der »schöne Edi« den improvisierten Laufsteg vor der Leinwand, siegesbewußt, als befände er sich im Palais von Christian Dior, warf ein süffisantes kleines Lächeln in den Zuschauerraum, drehte sich elegant nach links, nach rechts, immer zwei Finger der rechten Hand nach oben strekkend. Man wußte nie genau, meint er das alles ernst oder macht er sich über sich selber lustig oder hält er uns zum Narren. Was haben wir über die unvermeidlichen Modeschauen gelästert, aber es hätte uns etwas gefehlt, wenn sie nicht mehr dagewesen wären.

Österreichische Filme habe ich kaum gesehen, auch deutsche nicht, es waren ja hauptsächlich Schnulzen. Sie müssen nur auf die Entstehungsjahre der Filme achten, die uns jetzt unentwegt im Fernsehen vorgesetzt werden. Der meiste Ramsch ist in den fünfziger Jahren gedreht worden.

Aber es gab ja so wunderbare englische Filme, schwarze Komödien mit dem frühen Alec Guinness zum Beispiel. Wer erinnert sich nicht gern an Guinness in »Kind Hearts and Coronets« (»Adel verpflichtet« hieß er deutsch), wo er gleich eine ganze aristokratische Familie gespielt hat, die einer nach dem anderen abgemurkst wird. Sehr schön gruselig waren auch die historischen Schinken mit James Mason, der immer so martialisch dreingeschaut hat, und mit der schönen, bösen, schwarzhaarigen Margret Lockwood, die hoch zu Roß Unheil verbreitete.

Wenn im Vorspann der fesche, muskulöse Kerl mit dem geölten Oberkörper weit ausholte, um den riesigen Gong zu schlagen, dann wußte man, die Firma J. Arthur Rank würde einen nicht enttäuschen. Aber auch wenn der Löwe von Metro-Goldwyn-Mayer brüllte oder der Berg von Paramount im Vorspann erschien, waren wir glücklich, da tanzte Gene Kelly, und Bing Crosby und Bob Hope zogen in ihren verrückten »Road«-Filmen um die Welt – der absurde Humor paßte eigentlich gar nicht zu den üblichen amerikanischen Produktionen dieser Zeit. Dann tauchte der schöne junge Wilde Marlon Brando auf, und die Burschen zogen Lederjacken an und wollten sein wie er. Auch James Dean hat ihn geliebt, der neue junge Star, von dem seine Verehrer bis heute nicht wahrhaben wollen, daß er 1955 mit seinem Sportwagen zu Tode gekommen ist.

Und die französischen Filme! Mit Jean Marais und Jean Gabin und Jacques Tati ... und die Kriminalfilme, in denen Gangster und Kommissare in den eleganten schwarzen Citroënlimousinen durch Paris fuhren. Im Burg-Kino konnte man damals alles in Originalfassung sehen (wie glücklicherweise auch heute noch). Synchronisation haben wir zutiefst verachtet.

Als das süße Gänseblümchen »Brischitt« Bardot zum ersten Mal auf der Leinwand erschien, war ich nicht gerade begeistert von ihr. Das war eher etwas für die Herren der Schöpfung. Aber ihr Typ mit dem Schmollmund, Pferdeschwanz und Petticoat hat weltweit Mode gemacht.

Lang vor dem bunten Musicalfilm »Gigi« mit Leslie Caron haben die Franzosen eine zauberhafte Schwarzweiß-Fassung der Colette-Geschichte gedreht, mit Danielle Delorme und Daniel Gélin, die damals auch privat ein Paar waren. An eine Szene erinnere ich mich besonders gut: Die unschuldige kleine Gigi, hinreißend gespielt von der zerbrechlichen Delorme mit ihrem charmanten kleinen Silberblick, soll von Großmama und Tante zu einer perfekten Kurtisane erzogen werden. Die erfahrenen Damen bringen ihr bei, wie man sich in feiner Gesellschaft bewegt, wie man ißt und trinkt und auch, wie man sich pflegt, von Kopf bis Fuß. So begehrt die gestrenge Großmama auch Gigis Füße zu sehen. »Das kleinste Hühnerauge kann die große Karriere vernichten«, sagt sie. Und im nächsten Bild sieht man zwei schmale, makellose Füßchen in Großaufnahme. Ich erinnerte mich an all die gebrauchten Schuhe von der Schweden- und der Amerikahilfe, die ich nach dem Krieg hatte tragen müssen und die mich da und dort gezwickt und gedrückt hatten, was natürlich nicht ohne Folgen für meine Füße geblieben war. An eine Karriere à la Colettes »Gigi« war also nicht mehr zu denken ...

Was haben die Franzosen für Filme gedreht, während bei uns Kitsch und Schmalz produziert wurde. Und was hatten sie für Stars! In Max Ophüls' »Reigen«-Verfilmung von 1950 haben fast alle meine Lieblinge mitgespielt, die elegante Danielle Darrieux, die wundervolle Simone Signoret, Simone Simon, Daniel Gélin, Serge Reggiani, als Conférencier Adolf Wohlbrück (der den schönen Reigenwalzer von Oscar Straus gesungen hat), Jean-Louis Barrault, nicht zu vergessen. Gérard Philipe war der junge Graf. In Simone Signorets Autobiographie »Ungeteilte Erinnerungen« habe ich später gelesen, daß Philipe dafür schlechte Kritiken bekommen hat. Unglaublich!

Aber da war unter den vielen französischen Stars noch eine Frau, die herausragte: Jeanne Moreau! Solche Filme müßte man drehen können, habe ich mir gesagt, und, vor allem, so wie sie müßte man aussehen! Oft kam ich mit heruntergezogenen Mundwinkeln aus dem Kino, wenn ich die Moreau wieder einmal auf der Leinwand bewundert hatte. Aber meine Lippen hatten so gar keine Ähnlichkeit mit ihren, und den verächtlichen, verworfenen Ausdruck schaffte ich auch nicht.

Ich wäre am liebsten jeden Tag ins Kino gegangen. Aber abends habe ich fast immer gespielt, und tagsüber war ich oft im Rundfunkstudio. Helmut Qualtinger hat mich manchmal an Premierentagen nachmittags ins Kino geschleppt. »Das lenkt

ab«, sagte er, »dann bist du nicht nervös vor der Premiere!«
Sicher hatte er recht. Es waren meistens harte Gangsterfilme
mit James Cagney oder Humphrey Bogart, die er aussuchte.

Sehr bedauert habe ich auch, daß ich kaum ins »Philharmo-
nische« gekommen bin. Mit den Konzerten der Wiener Phil-
harmoniker im Großen Musikvereinssaal war das so eine Sache
– und das hat sich bis heute nicht geändert: Wenn du kein
Abonnent bist, hast du keine Chance, zu einem Platz zu kommen. Also wird man Abonnent, werden Sie sagen, wenn's einen
gar so sehr danach gelüstet, ins Konzert zu gehen. Wenn das
so einfach wäre! Da muß erst einer sterben (einer, der seit Jahren
abonniert ist!), dann kann man vielleicht nachrücken. Unlängst
hat mir jemand erzählt, daß er sich seit neun Jahren um einen
»Nachrückplatz« bemüht, aber vor einer zehnjährigen Warte-
zeit gäbe es keine Möglichkeit, beschied man ihn.

Ab und zu hatte ich Glück, und es hat mich jemand an einem
Samstagnachmittag zu den Wiener Philharmonikern mitgenommen. Einmal stand »La Valse« von Maurice Ravel auf dem
Programm. Ich weiß noch, daß sich einige der ewigen Abonnen-
ten über das »supermoderne« Programm mokiert haben, das
doch sehr unpassend für ein Philharmonisches anmutete. Das
war so um 1960. »La Valse« ist 1920 entstanden.

Ich war begeistert, ich ging traumverloren ins Pausenfoyer.
Dort traf ich auf eine damals sehr renommierte Kammersängerin, mit der ich in der Volksoper in der »Fledermaus« eine
Garderobe geteilt hatte. Sie begrüßte mich wie eine lang vermiß-
te Freundin, umarmte mich, dann hielt sie mich mit gestreckten
Armen fest, schaute mich beglückt an und sagte: »Nein, Sie
gehen auch in Konzerte!«

Das hatte man davon, daß man jeden Abend mit dem Qualtinger spielte. Man war abgestempelt, man war Kabarettist ist
gleich Klein-Künstler.

Film im Kabarett: Das Beste, was meine Kollegen gemacht
haben, war »Orpheus in der Filmwelt«. Gerhard Bronner und

Georg Kreisler hatten die neuen Texte zur Musik von Jacques Offenbachs »Orpheus in der Unterwelt« geschrieben. Das paßte so richtig in die Zeit von »Opas Kino«: Da ist Orpheus, der Autor »mit viel Talent und Ambition«, der einen »wunderschönen, wirklich guten Film« schreiben will, einen »Film, wie man ihn nie gesehen hat«. Aber der Produzent und schließlich der Verleiher haben ganz andere Vorstellungen. Sie ändern hier und ändern da, denn »es könnte sich vielleicht erweisen, daß die Kritiker ihn preisen, und das wär' katastrophal, und darum schreiben wir das Ganze noch einmal ...« Und so endet doch alles wieder bei »Silberwald und Schützenliesl, grüne Heide, leuchtendes Alpenrot, Silberwald, Kaiserball, Heidegrab, schööön ...« Meine Kollegen haben die Offenbachmelodien so hingebungsvoll gesungen! Im Cancan wurden in rasantem Tempo alle beim Namen genannt, die den Film in den Orkus geführt haben, die Produzenten und die Verleiher und natürlich auch die Stars der Heimatschnulzenzeit. Viele von ihnen sind in unsere Vorstellungen gekommen und haben sich stolz in dem Gefühl gesonnt, genannt worden zu sein. Wenn es auch hieß, daß sie »leider, leider, leider auch dabei waren«.

Es ist eigentlich seltsam, daß gerade in den fünfziger Jahren, in einer recht prüden Zeit, die Busenwunder Karriere gemacht haben. Aber Busen und Popo hatten bedeckt zu sein, und wenn es mit noch so geringem Textilaufwand geschah. »Mei' Lieblingsspeis' ist a bitterer Reis«, habe ich in dem Chanson »Busen, die die Welt bedeuten« gesungen. Mit der schönen Silvana Mangano hatte es in Italien angefangen. Die war aber auch toll, in den zerfetzten schwarzen Strümpfen, dem engen Höschen und der verschwitzten knappen Bluse in den Reissümpfen ...

Das Chanson von Georg Kreisler erzählte die Geschichte von dem Mädchen, das vom Kino nach Hause kommt und sich über all die Busenstars mokiert: »... wenn mich so einer anzieh'n tät' mit nackerten Kostümen, dann könnt' auch ich ein Filmstar sein, das hab' ich immer g'wußt«. Dann schläft sie ein, es wird dunkel auf der Bühne, sie träumt und ist, wenn die Scheinwerfer wieder eingeschaltet sind, ein Star mit üppiger Oberweite, wie es sich Lieschen Müller vorstellt. »Ho-ruck, ho-ruck, ho-ruck« singt sie, und mit jeder Strophe und jedem Ho-ruck wird der Busen größer, bis er schließlich platzt und sie ernüchtert aufwacht. Das war vom Autor gut gemeint, aber nicht so einfach herzustellen. In das schillernde Kleid hatte man einen Plastikpanzer eingearbeitet, und darauf klebten wir jeden Abend mühevoll Luftballons, die am Rücken an dünne Schläuche angeschlossen wurden. Der darübergespannte Stoff war gerüscht, also dehnbar. Ich mußte ganz nah am Vorhang stehen, denn dahinter war Georg Kreisler und hat im Takt zum Ho-ruck die Ballons aufgeblasen. Einen Schlußgag haben sie sich auch noch einfallen lassen. Wenn das Chanson zu Ende war, trat in den Applaus ein Bühnenarbeiter auf und verbeugte sich mit einer riesigen Fahrradpumpe.

Die Lollo und die Loren, die Jane Russell und die Jayne Mansfield, natürlich auch die Monroe, alle wurden sie durch den Kakao gezogen. Für das »Covergirl« hat man mich à la Mansfield in ein Tigerkleid gesteckt. Nur hat die Mansfield sicher eines aus hauchdünner Seide angehabt. Mein Tigerkleid war aus zentimeterdickem Plüsch. Wie habe ich dieses Kleid gehaßt! Jeden Abend, und wir haben das Programm an die zweihundertmal gespielt, jeden Abend habe ich vor dem Auftritt zu mir gesagt:»Das Tigerkleid trägt nicht auf, es macht gar nicht dick, nein nein nein!«

Busen war Trumpf in den Fünfzigern. Und wer nicht genügend hatte, der ging damals nicht zum kosmetischen Chirurgen, sondern ins Miederfachgeschäft. Dort wußte man raffiniert zu heben und mit kleinen Wattekissen zu verstärken. In Frankreich hat ein Reporter das Busengeheimnis der Martine Carol verraten. Ein Skandal! Die schöne Martine, die vor allem für ihr Dekolleté berühmt war, trug wohl besonders üppige Pölsterchen unterm Busen, um das wenige Vorhandene hoch genug zu heben.

Für Jane Russell, die eher zuviel des Guten im Ausschnitt hatte, ließ ihr Entdecker, der exzentrische Milliardär und Filmproduzent Howard Hughes, einen Spezial-BH basteln und auch gleich patentieren.

Die blonde Engländerin Sabrina hat ihre beachtliche Oberweite von 104 cm für 100000 Pfund bei Lloyds in London versichern lassen. Die Police garantierte ihr für jeden verlorenen Zoll (2,5 cm) eine Schadensregelung von 2500 Pfund.

Aber in dieser Zeit der Busenwunder machte auch eine andere »Sabrina« Furore; die war flach wie Jahre später Twiggy und hieß Audrey Hepburn! Und was hatte sie für Partner – in Billy Wilders Film »Sabrina« waren es William Holden und Humphrey Bogart, in »Liebe am Nachmittag« spielte sie mit Gary Cooper, in »Roman Holiday« (»Ein Herz und eine Krone«) brauste sie mit Gregory Peck auf dem Motorroller durch die Ewige Stadt. Der umwerfende Charme dieses rehäugigen Geschöpfs ganz ohne Oberweite fand viele Nachahmerinnen. Man schminkte sich die Augen à la Hepburn, ließ sich die Haare kurz schneiden wie sie, trug flache »Babypumps« und weite Röcke, und die Vespa aus »Roman Holiday« wurde zum Kultfahrzeug.

Die ausländischen Filme haben uns in den fünfziger Jahren in Scharen in die Kinos gezogen. Über die heimischen Produktionen haben wir nur geschimpft. Daß Romy Schneider eine ganz zauberhafte, hochbegabte Schauspielerin war, habe ich erst viel später festgestellt, denn in einen »Sissi«-Film wäre ich nicht um die Welt gegangen.

Und doch – wie heißt es so schön? Wer schimpft, der kauft oder würde gern kaufen. Ein paar Filmdrehtage hätten einem ganz gutgetan, um die Theatergagen aufzubessern. Helmut Qualtinger hatte man einige Male engagiert, um irgendeine Schmonzette aufzuputzen. Und auch ich habe meine Filmerfahrungen gesammelt.

*Ich probierte Kostüme
und Frisuren und
war verwundert, daß
das alles in
die Nestroyzeit
passen sollte.*
Standfoto aus
»Wenn Poldi ins
Manöver zieht«

*Ehebrecherinnen mußten damals wohl immer so etwas
Verruchtes wie Chansonetten sein und sehr elegant.*
1959 mit Wolf Albach-Retty in »Man ist nur zweimal jung«

Nummer eins war ursprünglich ein Stück von Johann Nestroy und hieß »Der Färber und sein Zwillingsbruder«. Die Sascha-Film, eine große Filmfirma, wollte eine Bearbeitung dieses Stücks unter der Regie des renommierten deutschen Regisseurs und Schauspielers Hans Quest drehen. Star in einer Doppelrolle: Gunther Philipp. Man machte Probeaufnahmen mit mir und engagierte mich für die zweite weibliche Hauptrolle. Drehbuch gab es noch keines, an dem werde immer noch gearbeitet, beruhigte man mich. Ich probierte Kostüme und Frisuren und war verwundert, daß das alles in die Nestroyzeit passen sollte. Ich will es kurz machen: Aus Nestroys »Der Färber und sein Zwillingsbruder« wurde »Der Manöverzwilling«. (Der Film »Kaisermanöver« hatte gerade viel Geld eingespielt, also verlegte man die Handlung in die Zeit um die Jahrhundertwende.) Später hat der Verleih noch einmal dreingeredet (siehe »Orpheus in der Filmwelt«), der Zwilling war ihnen wohl nicht zugkräftig genug, also hat man den Streifen umbenannt in »Wenn Poldi ins Manöver zieht« ...

Das also war meine erste Filmerfahrung. Die zweite hieß »Man ist nur zweimal jung« und meine Rolle Wanda Cypriani. Klingt toll, nicht? Der Film hatte eine für die damalige Zeit luxuriöse Besetzung: Winnie Markus, Wolf Albach-Retty, Gustav Knuth, Margit Saad; das Liebespaar wurde von der blutjungen Heidi Brühl und dem jungen Michael Heltau gespielt. Und wer war nicht alles in den sogenannten Nebenrollen zu sehen! Lotte Lang, Ernst Waldbrunn, Hugo Gottschlich, Josef Meinrad, Susi Nicoletti ... Mit diesem Schauspieleraufgebot hätte man einen großartigen Film machen können, aber wir schrieben das Jahr 1959 und waren nicht in Paris, sondern in Wien. Wanda Cypriani war der Störenfried in einer feinen, heilen Gesellschaft. Sie trieb Ehen reihenweise auseinander, und zwischendurch sang sie Chansons! Ehebrecherinnen mußten damals wohl immer so etwas Verruchtes wie Chansonetten sein und sehr elegant. Ich glaube, meine Kleider und Hüte haben mehr gekostet, als man mir Gage für den ganzen Film bezahlt hat. Und die Lieder, die ich zu singen hatte! Da war einmal das Titellied »Man ist nur zweimal jung, Monsieur«. Warum eigentlich »Monsieur«, die Handlung spielte doch in Wien? Bei meinem großen Auftritt in einem Nachtlokal sang ich »Im alten Hafen von Calais, da stand Marie und ihr ...« – na, wer wohl, um des Reimes willen? – »... und ihr André. Er sprach: ›Was hältst du von l'amour, ich mein' ja nur, ich mein' ja nur, ich mein' ja nur.‹ Mit einem Lächeln sagte sie: ›Du weißt doch, ich bin aus Paris‹ ...« Ganz französisch *Parí* ausgesprochen, mehr habe ich mir nicht gemerkt. Aber das reicht ja – reiner Schwachsinn!

Im jungen Fernsehen wurden keine Spielfilme gezeigt. Wie hat sich das geändert. Meine Kinojugendsünden geistern heute noch gelegentlich über die Mattscheiben.

Wien bei Nacht

*Adebar, Strohkoffer, Marietta, Eden, Maxim, Café Renz und
die »Damen« der Kärntner Straße*

Es war schon allerhand los in den Fünfzigern in Wien. Nehmen
wir einmal nur die Gegend zwischen Oper und Stephansplatz,
die kleinen Gasserln rund um die elegante Kärntner Straße.
Im Tabarin in der Annagasse hat der Fatty George mit seiner
Band gespielt. Beim Fatty und in der Adebar gleich um die
Ecke tanzten die schönsten jungen Mädeln. Der Maler Ernst
Fuchs, damals selbst ein begeisterter Tänzer, verkaufte seine
Bilder zu Spottpreisen (sein Käppi trug er damals schon).
Manch einer, der Karriere auf einem ganz anderen Gebiet gemacht hat, erinnert sich heute ganz gern daran, daß er einst in
der Adebar für ein Schnitzel bei Rock'n'Roll- und Boogie-
Woogie-Schautänzen für Touristen dabei war. Im Strohkoffer,
einem winzigen Lokal im Keller neben der Loos-Bar, hatten
die bildenden Künstler im Dezember 1951 ihre Art-Club-Galerie
eröffnet. Mackie Lersch war der Wirt, der wußte, wem er Kre-
dit geben konnte und wem nicht. Viele junge Maler haben dort
ihre Bilder erstmals ausgestellt. Manches, was damals wenig
beachtet im Strohkoffer an den Wänden hing, ist später sehr
teuer gehandelt worden. Ich erinnere mich noch an ein Bild,
mit dem ich damals nicht viel anfangen konnte. Es hatte einen
sonderbar langen Namen: »Der Europäer, der sich den Schnurr-
bart hält«. Der Maler hieß Hundertwasser. Unter dem Bild
stand das Klavier. Hier musizierte der blutjunge Friedrich
Gulda, manchmal vierhändig mit Joe Zawinul. Auch der hochbegabte Amateurjazzer und herrliche Blödler Uzzi Förster ist

oft mit »eingestiegen«. Keiner konnte Scat singen wie er. Gage hat er keine bekommen, vielleicht ein Viertel Wein oder auch zwei. Der Strohkoffer war bald nicht nur Art-Club der bildenden Künstler. Zu Wolfgang Hutter, Arnulf Rainer, Mikl, Gütersloh und Lehmden gesellten sich Qualtinger und H. C. Artmann, und auch die Reichen und Schönen haben bald entdeckt, daß hier immer etwas los war. Der blendend aussehende, schlanke Mädchenschwarm Curd Jürgens, noch lang kein normannischer »Kleiderschrank«, kam mit seiner damaligen Ehefrau, der bildschönen Burgschauspielerin Judith Holzmeister. Eine der auffallendsten Erscheinungen war die brandrothaarige, immer weiß geschminkte Vali Myers. Ein Paradiesvogel, den Ernst Fuchs aus den Pariser Existentialistenkellern mitgebracht hatte. Ich habe sie später noch einmal gesehen. Das muß um die Mitte der sechziger Jahre gewesen sein, da lebte sie in einer Hippiekolonie in Positano. Vali in bunten, wallenden Gewändern, auch hier scharte sich alles um sie.

Mackie Lersch war ein Kunstkenner und ein tüchtiger Wirt, der mit Seide und mit Halbseide umzugehen verstand. Ein liebenswerter, fescher Haudegen, der sich auch manchen Fight mit der Unterwelt geleistet hat. Zum Beweis dafür lüpfte er manchmal sein Hemd und zeigte nicht ohne Stolz die Narben auf seinem durchtrainierten Oberkörper.

Auf der Kärntner Straße standen die elegantesten Huren. Oh, die waren schick und teuer angezogen. Eine muß wohl eine große Verehrerin von Rita Hayworth gewesen sein. Wie die schöne Hollywoodgöttin hatte sie feuerrote Haare und trug sie weit über die Schultern wallend. Der Mund war blutrot geschminkt, und der Nerzmantel sah, zumindest von weitem, aus wie der, den Ali Khan seiner Rita geschenkt hat. Das Hayworth-Double hatte seinen »Standplatz« gleich am Anfang der Kärntner Straße, vor dem Adlmüller, einem der elegantesten Läden in dieser an feinen Geschäften nicht eben armen Straße zwischen Oper und Stephansplatz. Daß die einmal zur Fußgängerzone werden würde, hat man in den fünfziger Jahren nicht geahnt, konnte man sich auch gar nicht vorstellen. Wie sollte man denn »Shopping« gehen, ohne Auto! Die schmale Kärntner Straße wurde damals noch in beiden Richtungen befahren. Wenn man Glück hatte, konnte man hier sogar einen Parkplatz finden.

Unser Kärntnertor-Theater war in der Walfischgasse, einer Seitengasse der Kärntner Straße, nahe der Oper. Die Damen vom ältesten Gewerbe, die Reserve-Rita und ihre Kolleginnen, grüßten uns meist freundlich, wenn wir nachts aus dem Kabarett kamen. Sie gingen auch zu uns ins Theater. Wenn sie unsere Vorstellungen besuchten, waren sie immer vornehm und seriös gekleidet, also quasi in Zivil. Natürlich saßen sie in der ersten Reihe, ebenso wie die Serviererinnen vom Demel, die sehen wollten, wie der Qualtinger sie auf der Bühne parodierte.

Eine unvergeßliche Kabarettnummer: Unsere Männer in schwarzen Cloth-Kleidern, weißen Schürzchen und grauen Perücken, mit dünnen Stimmchen die neutextierte Pizzicato-Polka von Johann Strauß singend. »Wir sind die allerletzten Hüterinnen eines Ordens, den gibt's nur in Wien ...« Sie tänzelten graziös zu den getragenen Polkaklängen. »Küß' d'Hand, Herr Graf, haben schon gewählt ...«

Dazu muß man wissen, daß die Serviererinnen in der legendären Konditorei Demel auf dem Kohlmarkt seinerzeit nicht einfach Kellnerinnen gewesen sind. Man hatte das Gefühl, daß jede eine Rolle spielte. Sie bewegten sich gemessen in ihren schwarzen, halblangen Kleidern mit gestärkten Schürzen. Ein wichtiger Teil ihrer Rolle war, daß sie stets halblaut und in der dritten Person Plural sprachen (»Haben noch einen Wunsch?«). Privat waren sie gestandene Frauen, mit dem Mund auf dem rechten Fleck. Einige hatten gutgehende Geschäfte in der Vorstadt. Ich bin einmal zufällig Zeuge eines Gesprächs gewesen, das eine sehr vornehme Kundin beim Demel mit der Frau Paula geführt hat. Die edle Dame fand es völlig unmöglich, daß man es gewagt hatte, den Demel und seine Angestellten in die Niederung des Kabaretts zu zerren. Frau Paula beruhigte sie in echtem Demelinerinnen-Deutsch.»Haben Humor, Gräfin! Schauen doch bitte!« Damit deutete sie auf eines der Schaufenster, wo zwischen Pralinés und Windbäckerei ein großes Bild der Qualtinger-Truppe ausgestellt war.

Als man den Demelinerinnen zur Premiere zwei Karten schikken wollte, wehrten sie ab.»Vielen Dank! Wir kommen, wenn genug Karten da sind, kommen alle und wollen bezahlen!« Und das taten sie dann auch. Sie saßen elegant gekleidet in der ersten Reihe und waren ein wunderbares Publikum.

Aber zurück zum nächtlichen Wien. Da hatte der Demel eigentlich nichts zu suchen. Die feine Konditorei sperrte spätestens um zwanzig Uhr zu.

Wenn einer einer neuen Flamme imponieren wollte, dann führte er sie zum Tanzen in die Splendid-Bar in der Jasomirgottstraße gegenüber dem Stephansdom. Sehr teuer, natürlich keine Hauspreise für Künstler. Zur Erläuterung: Der»Hauspreis-Wein«, den wir in einigen Nachtlokalen bekamen, kostete vier Schilling das Viertel, und so hat er auch geschmeckt.

Einmal kam ich gegen Mitternacht aus dem Theater, es war der 23. Dezember. Wir hatten eine kleine Weihnachtsfeier gehabt, jeder freute sich auf den freien Heiligen Abend. Die Kärntner Straße lag verlassen da, üppigen Lichterschmuck kannte man damals auch noch nicht. Ein paar Schneeflocken rieselten herunter, Weihnachtsstimmung. Vor den geschlossenen Rollbalken eines Nobelgeschäfts stand einsam und verträumt ein recht junges Fräulein Hur. Weit und breit kein Fußgänger, also auch kein Kavalier in Sicht. Da kommt leicht torkelnd eine eher reife Dame vom horizontalen Gewerbe über die Kärntner Straße, geht auf die junge»Kollegin« zu und sagt festlich-milde gestimmt zur Konkurrentin:»Was stehst denn da, Madl, geh'n muaßt, geh'n!« Das nenne ich Berufsauffassung.

Schräg gegenüber vom Kärntnertor-Theater war das Moulin Rouge, ein edler Striptease-Tempel. Ich habe dieses Nachtlokal nur kennengelernt, weil mich jemand zu einer Gratisvorstellung für Journalisten mitgenommen hat. Ins Moulin Rouge gingen hauptsächlich Geschäftsleute, Ausländer, Touristen, die in den umliegenden großen Hotels logierten, im Sacher, im Bristol, im Ambassador. Einmal soll zu später Stunde ein einsamer Amerikaner schon recht angesäuselt ins Lokal gekommen sein. Er saß noch nicht auf seinem Barhocker, da hatte auch schon eine Schöne der Nacht neben ihm Platz genommen. Der Ober fragte nach den Wünschen des Gastes.»A whisky!« war die leicht stockende Antwort. Darauf der Ober im besten Wiener Englisch:»Änd for se lädy?« Ohne die Schöne anzusehen, sagte der müde Gast:»Get her a whisky as well!« Nun folgte das übliche Sprücherl:»Die Damen trinken nichts Hartes, wie wäre es mit einer Flasche Champagner?« Der Gast wandte sich dem Mädel zu, musterte es unter schweren Augenlidern hervor von oben bis unten und sagte zum Kellner:»She isn't that thirsty!« Auf gut wienerisch etwa:»So durstig ist die auch wieder nicht!«

Dann war da noch das elegante Striptease-Lokal Maxim in der Rauhensteingasse, wo einige Kollegen ein Stammplätzchen an der Bar hatten. Die Stripperinnen in Wien sollten ja etwas ganz Besonderes sein, erzählte mir einmal ein deutscher Produzent. Nicht so»scharf« wie in Hamburg, eben anders, wienerisch, sehr erotisch ... Ich konnte das leider nicht beurteilen. Ich habe ja auch als junges Mädchen nicht begriffen, wieso die »Salome« von Richard Strauss eine »geile« Oper sein sollte, wie mir junge Freunde von den Wiener Philharmonikern versicherten. Aber ich habe in Erinnerung, daß ich Ljuba Welitsch im Theater an der Wien als Salome erlebt habe. Sie kam mir, dem dummen jungen Ding, sehr dick vor, aber ich habe doch gespürt, daß sie wie eine Göttin gesungen hat.

Jenseits des Donaukanals, also außerhalb der Wiener Innenstadt gelegen, war das Nachtlokal Café Renz im zweiten Bezirk. Dort haben wir einmal für einen Fernsehfilm gedreht. Was habe ich gespielt? Eine Barfrau mit Animierverpflichtung natürlich.

Unsere Kostümbildnerin, eine erfahrene Frau in ihrem Fach, suchte die Kleidung für mich aus. Schwarzer, enger, glänzender Rock, schwarzer Pulli mit Goldapplikationen und tiefem V-Ausschnitt, glitzernder Ohrschmuck, dazu bekam ich eine kunstvoll drapierte asymmetrische Frisur. So kam ich nachts nach unserer Kabarettvorstellung an, um im Café Renz bis zum Morgen zu drehen. Der Barbetrieb war teilweise eingestellt worden, das Fernsehen zahlte wohl den Ausfall. Aber so ein Lokal muß ja für den Film voll erscheinen, dazu braucht man Komparserie. Die war echt. Da standen und saßen nun meine »Kolleginnen«, die echten Animierkatzen vom Renz und aus der Umgebung. Sie schauten mich an, befremdet. Was will denn die da? Wie sieht die aus? Was spielt die überhaupt? Ich sah an meinem Kostüm hinunter, dann auf die Amateurhürchen in ihren armseligen beigen Mako-Pullovern und den verknitterten Röcken, mit den schlechten Dauerwellen. An mir war nichts echt. Die Nacht nahm kein Ende, und die Aufnahmen waren anstrengend für mich. Die echte Komparserie langweilte sich. Zu später, das heißt früher Stunde, kam eines von den echten Barmädchen auf mich zu und sagte höflich (und sehr müde): »Entschuldigen Sie, Frau Martini!« Aha, sie kennt dich, will sicher ein Autogramm, dachte ich. Aber nein. »Entschuldigen Sie, könnten Sie mir nicht einen Schilling schenken, mir ist so fad, ich möcht' mir den Vico Torriani in der Jukebox spielen.« Soweit das Café Renz.

»Da neulich, da sitz' ma in da Eden und reden ...« ist seit den fünfziger Jahren ein geflügeltes Wort in Wien und die elegante Eden-Bar in der Liliengasse heute noch ein Fixpunkt im Wiener Nachtleben. Ich bin einige hundert Mal in die Liliengasse gepilgert, allerdings nicht in die Bar, sondern gegenüber ins Intime Theater. Die Eden hatte viele Stammgäste, auch unter meinen Kollegen, zum Beispiel den liebenswerten Schauspieler Ernst Waldbrunn. Der hat in der Eden, wie man so schön sagt, »gewohnt«. Ich sehe ihn noch in seinem Eckerl an der Bar sitzen, einen Whisky vor sich, geredet hat er meist nicht viel. Er hatte die Entspannung dringend nötig. Solange ich den Ernstl gekannt habe, hat er viel, viel gearbeitet, und was er auch gespielt hat, er war immer wunderbar. Wie oft hat er die Zuschauer in den Kammerspielen zum Lachen gebracht, und nach der Vorstellung wartete das Publikum schon im Kabarett Simpl, wo er der Star im zweiten Teil des Programms war. Unvergessen und nicht wiederholbar seine Doppelconférencen mit Karl Farkas (glücklicherweise gibt es viele auf Videokassetten). Der Besitzer der Eden-Bar, Gabi Kenézy, war kultiviert wie sein Nachtlokal, ein Herr mit äußerst gepflegtem ungarischem Akzent. Auch die Musik in der Eden war dezent, nie zu laut, so daß man sich auch unterhalten konnte. So mancher Flirt mit späteren Folgen, sei es im Ehe- oder nur im Hotelbett, hat hier begonnen. Aber alle waren still, wenn die Scheinwerfer eingeschaltet wurden und der Star auftrat: Liane Augustin. Liane war eine Diseuse von Format, und zu ihr paßte das altmodische Wort »Diseuse«, obwohl sie damals kaum älter als dreißig war. Liane war charmant, witzig, gescheit, hatte eine schöne, warme Stimme, und sie konnte ihre Lieder »verkaufen«. Sie hätte sicher eine Karriere machen können, die weit über die Eden hinausging, aber sie blieb der Bar und ihrem Gabi treu, sie war seine Ehefrau.

Vom Intimen Theater in die Eden gegenüber war es für mich nur ein Katzensprung. Aber ich ging nach der Vorstellung meist andere Wege. Ein paar Schritte über den Graben, dann links in die Spiegelgasse, im zweiten Haus rechts in den Keller, in die Marietta-Bar. Dort bin ich gelegentlich auch aufgetreten, um meine Theatergage ein bißchen aufzubessern. Ich habe in dieser Zeit viel gelernt. Es ist ja doch anders, wenn der erste Zuschauer nur zwei Meter von einem entfernt sitzt. Hundert Schilling pro Abend »auf die Hand« habe ich bekommen, für drei Chansons. Eines meiner Lieblingslieder war damals ein Tango, den Georg Kreisler für mich geschrieben hat: »Ich will nicht dein Geld, ich will nur deine Liebe«. Aber – das muß auch einmal

Dort bin ich gelegentlich auch aufgetreten,
um meine Theatergage ein bißchen aufzubessern.
1960 in der Marietta-Bar

gesagt sein – Liebe war nie zwischen mir und meinen Kabarett-kollegen. Wenn man sie alle in Unterhosen kennt, weil man sich im Kabarett jeden Tag hinter der Bühne nebeneinander sehr schnell umziehen muß, dann springen keine Funken mehr über.

Gefunkt hat es in der Marietta aber doch, als eines Tages ein fescher dunkelhaariger Mann zu später Stunde ans Klavier ging und nur für mich spielte, Jazz à la Art Tatum und mein Lieblingslied »As time goes by« aus dem Film »Casablanca«.

Der Mann am Klavier war Bill Grah von der Fatty-George-Band, und ein Jahr darauf wurde ich auf dem Standesamt zu Louise Grah.

Die Marietta (später wurde daraus Die Fledermaus, dann das Jazzlokal Porgy and Bess) war keine Bar, in die man ging, um ein Mädchen »einzukochen«. Dorthin ging man, um sich, möglichst in Gesellschaft von Freunden, über die neuesten Pointen der drei am Klavier, Bronner, Wehle und Kreisler, zu amüsieren. Wer hat sich nicht alles um die kleine Bar gedrängt? Der Maler Kurt Moldovan war ein ständiger Gast. Paul Wittgenstein, ein Sproß der großen Familie, der Neffe des berühmten Ludwig Wittgenstein, ein skurriles Wiener Original, saß oft da. Auch an einen schmalen jungen Mann mit dunklen Locken erinnere ich mich ziemlich gut, er war immer allein und sprach auch mit keinem. Viel später bin ich ihm wieder begegnet. Da war er Gast in einem »Club 2«, den ich geleitet habe. Als Berufsangabe stand unter seinem Namen: Landwirt und Gastwirt. Sehr tiefgestapelt! Er war ein bedächtiger, sehr kluger Diskussionsteilnehmer. Wenige Jahre danach holte ihn Vaclav Havel als Kanzler nach Prag – Karl Schwarzenberg.

Die Dame hinter der kleinen Bar in der Marietta hieß Gary. Sie war keine Schönheit, nicht das, was man sich unter einer Barfrau vorstellt. Aber sie hatte Charme und eine sehr hübsche Stimme. Ab und zu kletterte sie hinter ihrer engen Bar hervor, ging zum Mikrophon und sang amerikanische Evergreens. Am

Klavier saß Kurt Werner, unser immer verläßlicher, einfühlsamer Begleiter im Kabarett und in der Marietta. Er und seine Musiker spielten bis in die frühen Morgenstunden, wenn die Bar wieder einmal nicht leer zu kriegen war. Die schlimmsten »Pickenbleiber« waren natürlich die Künstler, viele junge Schauspieler, die auch gerne in der Marietta auftreten und entdeckt werden wollten. Hinter der Toilette gab es einen Raum, der lange Zeit ungenützt blieb. Er war nicht zu lüften, nicht zu heizen, eine häßliche Rumpelkammer. Daraus wurde das Torberg-Stüberl, ein – wie würde man heute sagen – Kultkabinett. Ein Klavier wurde hineingestellt, ein paar Bänke, alte Stühle, ein Gasstrahler installiert (eine scheußliche Heizquelle, die es heute glücklicherweise nicht mehr gibt, sie fraß den Sauerstoff, und es roch immer nach Gas). Eine weiße Tafel über dem Strahler war bald mit Unterschriften gefüllt. Man kam, mitgebracht von Friedrich Torberg oder weil man ihn hier treffen wollte. Der berühmte Schriftsteller Arthur Koestler war da, der amerikanische Jazzmusiker Artie Shaw, der Dramatiker Thornton Wilder, der deutsche Bundespräsident Theodor Heuss und viele, viele andere. Manchmal haben wir in dem Stüberl, das wir zum Kitschkabinett gemacht haben, auch geprobt. Jeder, der hier Eintritt begehrte, mußte etwas besonders Scheußliches mitbringen, ein kitschiges Bild, ein kleines Gerippe, eine tote Hand aus Gummi (Georg Kreisler sang damals sein schwarzes Chanson »Die Hand«). Eigentlich waren wir recht kindisch, aber es war schön.

Zu später Stunde, wenn das Stüberl und die Bar endlich geschlossen wurden, sind wir hinausgetreten auf den Graben und haben tief durchgeatmet. Das war nötig, schließlich haben die meisten von uns damals noch geraucht, als würden sie dafür bezahlt. Dann gingen wir die paar Schritte hinüber zum Stephansdom, zum Riesentor der Kirche. Nicht um zu beten, das Tor war ja verschlossen um diese Tageszeit, aber vor dem Tor war ein Würstelstand, der beste von Wien, wie es hieß. Und um diese Stunde eine Burenwurst, aufgeschnitten, mit zwei scharfen Pfefferoni und dazu ein dickes Stück Brot, das war's! Da war die Welt für die Nachtbummler wieder in Ordnung. Auch im tiefen Winter, wenn einem die Finger über den Würsteln einzufrieren drohten. Und er ist immer da, der Würstelmann am Stephansplatz, dachte ich mir. Aber nein. Einmal kamen wir in einer schönen Mainacht zum vertrauten Platz, keine Bude, kein Würstelverkäufer. Was war passiert? War er krank, hatte er Pleite gemacht? Hatte man ihn von dem Platz vor der Kirche verjagt? Einer wußte Bescheid. Unser Burenwurstlieferant machte Urlaub, an der Côte d'Azur. Wirtschaftswunder mit Würsteln in den fünfziger Jahren.

Jazz

Ella Fitzgerald und Oscar Peterson, Stan Kenton,
Woody Herman, Duke Ellington, Louis Armstrong, Quincy Jones
– alle kamen nach Wien,
und Fatty George und seine Band waren da

Der Jazz war wie eine Droge für mich, damals, in den Fünfzigern. Aber ich war ein gesitteter Fan, ich habe nicht gekreischt,
nicht getobt, ich bin auch nicht in Ohnmacht gefallen wie die
Teenies später bei den Beatles und vorher bei »Frankieboy«
Sinatra in den USA. Wir waren wie berauscht von der Musik.
Die »Jazz at the Philharmonic«-Gastspiele im Konzerthaus
waren *Muß*-Termine. Endlich konnte man alle die wunderbaren
Musiker, die man von den Schallplatten kannte, unmittelbar
auf der Bühne erleben.

Oscar Peterson kam regelmäßig nach Wien und Ella Fitzgerald, die große Meisterin des *Scat*-Gesangs, die aussah wie
eine schwarze Mammy und eine Stimme hatte wie ein süßes
junges Mädchen. Die intellektuellen Jazzer spielten in Wien
ebenso wie die mitreißend swingenden Big Bands. Wir waren
»cool« begeistert vom Modern Jazz Quartet und von Dave
Brubeck, und wir sind schier ausgeflippt in den Konzerten der
Woody-Herman-Band, des Stan-Kenton-Orchesters, von Duke
Ellington natürlich, von Louis Armstrong und seinen Musikern, von den herrlichen Adderley-Brüdern, Cannonball und
Nat, von Quincy Jones, den heute viele nur als Produzenten
von Michael Jackson kennen, als Schallplattenmillionär und als
Ehemann von Nastassja Kinski. Der fesche schwarze Quincy
Jones, ein ausgezeichneter Trompeter, spielte mit seiner wunder-
vollen Big Band in Wien, einer Band, in der auch weibliche
Musiker saßen! Leider mußte er diese Formation bald nach

diesem Gastspiel auflösen, weil es nicht genügend Konzerttermine gab, um einen so großen Apparat zusammenzuhalten.
Die Europatourneen, und speziell die Gastspiele in Paris und Wien, waren in den fünfziger Jahren für die amerikanischen Musiker lebensnotwendig. Hier wurden die schwarzen Jazzstars geliebt und gefeiert, in den USA mußten sie die Hotels, in denen sie spielten, durch den Dienstboteneingang betreten, und ein Zimmer zum Übernachten hat man ihnen dort bestimmt nicht gegeben. Die meisten Jazzkonzerte fanden im Wiener Konzerthaus statt, und ich glaube, das war gut so. Mit seinem Fassungsraum von etwa 2000 Plätzen war es groß und doch intim genug für kleine Gruppen, wie zum Beispiel das Modern Jazz Quartet. Die vier schwarzen Gentlemen kamen in altmodisch geschnittenen Smokings auf die Bühne, mit ernsten Gesichtern, verzogen sie auch nicht zu einem Lächeln, wenn sie spielten. Klavier, Vibraphon, Baß, Schlagzeug. Sie spielten Kammermusik und rissen doch ihr Publikum mit wie die lauten großen Bands. Auf der Bühne hatten damals nur die Musiker Platz und keine riesigen, dröhnenden Lautsprechertürme. Zwei Konzerte an einem Abend bedeuteten viertausend Zuhörer, das ist viel, aber gar nichts im Vergleich zu den Besucherzahlen in den Musikantenstadlhallen von heute ...
Jazz war wie eine Droge für mich, habe ich am Anfang dieses Kapitels geschrieben. Das soll nicht heißen, daß ich Vergleichsmöglichkeiten gehabt hätte. Rauschgifte kannte ich damals höchstens von Romanen aus den zwanziger und dreißiger Jahren. Unsere Fünfziger waren, soweit ich das beurteilen kann, »clean«, wie man heute sagen würde. Das Wort »Droge« gehörte nicht zu unserem täglichen Sprachgebrauch. Als ich die Geschichte hörte, die ich Ihnen jetzt erzählen will, war ich zutiefst erschüttert wegen des Schicksals, das sich mir da offenbarte, und weil der Jazz, *mein* Jazz, mit einem Mal beschmutzt worden war.

Und nach dem Konzert ging's erst richtig los.
Mit Lionel Hampton im Tabarin

1958 mit Fatty George
bei der Eröffnung des neuen Fatty's Saloon

Im Konzerthaus gab es einen Notenwart, einen nicht mehr sehr jungen, netten, kleinen Mann, der viele Jahre brav die Pulte aufgestellt und die Noten verteilt hatte, für große Symphonien und für Kammermusik. Mit Jazz hatte er wohl kaum etwas zu tun gehabt, bis – die Woody-Herman-Band nach Wien kam und einer der Musiker nach »Stoff« verlangte. Damals haben die Manager ihre Schäfchen noch nicht mit Speis und Trank und sonst noch was versorgt, wie das später für die Rockstars üblich war. Man hat den kleinen Notenwart losgeschickt, etwas zu besorgen. Erst wußte er wohl nicht, wie, was und wo. Aber schließlich ist es ihm gelungen, für den Musiker etwas zu beschaffen. Die Woody-Herman-Band spielte rasant und mit unglaublichem Swing und reiste wieder ab. Wann und von wem der Notenverteiler aus dem Konzerthaus wieder losgeschickt wurde, weiß ich nicht. Ich habe nur erfahren, daß er selber abhängig wurde und sich nicht viel später das Leben nahm.

Jazzkonzerte waren, wie gesagt, Pflichttermine für mich. Das erste begann um 18.30 Uhr, das zweite um 21.30 Uhr. Wenn ich abends Vorstellung hatte, ging ich, schon fertig geschminkt fürs Kabarett, in das erste Konzert, rannte in der Pause ins Kärntnertor-Theater, spielte meine Vorstellung und kam gerade rechtzeitig zum zweiten Teil des zweiten Konzerts wieder zurück, atemlos, aber selig, wieder in *meine* Musik eintauchen zu können.

Und nach dem Konzert ging's erst richtig los. Beim Fatty George im Tabarin in der Annagasse, später in Fatty's Saloon auf dem Petersplatz. Jazzmusiker gehen nie gleich nach dem Konzert nach Hause. So müde konnten die amerikanischen Stars gar nicht sein, daß sie nicht noch mit Fatty's Musikern bis in die frühen Morgenstunden improvisiert hätten. Auf solche Jam Sessions hatte das Publikum nur gewartet. Das hätte man aufnehmen sollen, wenn beispielsweise Lionel Hampton und Bill Grah vierhändig Vibraphon spielten!

Die musikalische Sprache der Jazzmusiker ist international,

und es ist für mich immer wieder faszinierend, wie Musiker, die sich vorher nie gesehen haben, zusammenkommen, sich schnell auf das Musikstück einigen, auf die Tonart, einer gibt das Tempo an –»One, two, one, two, three, four« –, und los geht's. Auf Zunicken spielt der Trompeter einen »Chorus«, der Klarinettist, der Posaunist, der Mann am Klavier, am Baß, am Schlagzeug, zum Schluß alle gemeinsam. Ohne Probe, ohne Noten – Jam Session!

Als Friedrich Gulda, der senkrechtstartende junge Beethoven-Pianist, seine ersten Triumphe in New York feierte, fanden wir es viel aufregender, daß der »klassische« Gulda nach seinem Konzert in den legendären Jazzclub Birdland gegangen ist. E und U vereint, das war für uns damals noch ganz ungewöhnlich. Bei Fatty George hat er auch oft mitgespielt, aber nur ganz selten saß er am Klavier. Meist zog er seine Blockflöte aus der Tasche und improvisierte darauf. Später hat er noch Baritonsaxophon gelernt, worüber seine Frau, Paola Löw, nicht sehr glücklich gewesen sein soll, denn er übte natürlich in der Wohnung, die Kinder waren noch klein, und der schöne Ton des Baritonsaxophons ist doch recht durchdringend.

Joe Zawinul war damals Pianist in der Fatty-George-Band. Daß er auch Trompete spielen konnte, hatte ich völlig vergessen. Daran habe ich mich erst wieder erinnert, als ich ein Photo von meiner Hochzeit mit Bill Grah wiederfand. Fatty's Band hatte uns vor dem Standesamt ein Ständchen gebracht, und Joe war der Trompeter. Zawinul war ein besessener Musiker und schon damals ganz nach Amerika ausgerichtet. »Stateside« wollten sie ja alle sein, das heißt, »swingend« wie die Amis, nur ja nicht »zickig«.

Es war an einem Feiertag, an dem Musiker und Schauspieler spielfrei waren (das kann nur Karfreitag oder Heiliger Abend gewesen sein), wir hatten in meiner kleinen Wohnung gekocht, köstlich gegessen und getrunken. Da kam einer zu später Stunde auf eine »Qualtinger-Idee«: »Wir rufen den Joe an und bestellen

Fatty's Band hatte uns vor dem Standesamt ein Ständchen
gebracht, und Joe war der Trompeter.
Hochzeit mit Bill Grah

ihn zu irgendwelchen Amerikanern!«*Wir* war gut, natürlich mußte *ich* telephonieren, schließlich war ich Schauspielerin und spielte mit dem Qualtinger, also mußte ich so was am besten können. Ich rief also den Joe an, legte ein Taschentuch über die Sprechmuschel – das sollte wohl einen Verzerrungseffekt geben – und meldete mich englisch als Sekretärin eines amerikanischen Managers. Meine Freunde gaben mir die Stichworte: Ella Fitzgerald sei auf Tournee in Deutschland und ihr Pianist Lou Levy sei plötzlich krank geworden. Ob er, Zawinul, denn einspringen könne. Die Antwort des völlig überraschten Joe war atemlos und kurz:»Ja, ja, wann, wo?«

Wer von uns allen in dem kleinen Zimmer in der Fischerstiege hätte sich träumen lassen, daß Joe Zawinul, der eben so schändlich Hereingelegte, schon im Jahr darauf in die USA gehen und dort eine beispielhafte Karriere machen würde?

Zu Joes sechzigstem Geburtstag, im Sommer 1997, gab sein Freund aus frühen Jahren, Bundespräsident Thomas Klestil, in der Präsidialkanzlei einen Empfang für den Klassenkameraden. Ich habe mich riesig gefreut, als der Briefträger auch mir eine Einladung dazu gebracht hat. Ich hatte Joe 1959 zuletzt gesehen. Natürlich habe ich seine Karriere verfolgt, seine Platten in meinen Sendungen gespielt und meinen Hörern von ihm erzählt.

Zawinul, der gefeierte Jazzstar, betrat die Präsidialkanzlei, hinter ihm sein Sohn, seine Musiker, er sieht mich als erste, sagt im unveränderten Wienerisch:»Louiserl, geh her da«, und fällt mir um den Hals. Da könnte man doch glatt vor Rührung eine Träne zerdrücken.

Es gäbe noch so viel über diese wundervolle Jazz-Zeit in Wien zu erzählen. Mein Erlebnis mit Louis Armstrong zum Beispiel: Radio-Chefreporter Heinz Fischer-Karwin schickte mich eines Tages zum Westbahnhof, mit dem Auftrag, den großen schwarzen Trompeter und Sänger zu interviewen. Wie winzig und handlich sind die Aufnahmegeräte heute! Mir hatte man einen schweren Apparat, den ich auch nicht sehr gut bedienen konnte, umgehängt. Aber das ist nicht die Geschichte. Ich war rechtzeitig auf dem Westbahnhof, stand auch auf dem richtigen Bahnsteig, das unhandliche Gerät hing schwer auf meiner rechten Schulter, der Zug lief ein, ich schaute mir die Augen aus, kein Armstrong weit und breit. Da, endlich sehe ich eine Gruppe von Schwarzen aussteigen. Ich erkannte einige der Musiker, die zur Band von Louis »Satchmo« gehört haben, den Posaunisten Trummy Young, den Klarinettisten Edmund Hall, nun mußte ja *er* auch bald kommen, Armstrong, der etwas Rundliche mit dem unverkennbaren Lachen, dem großen Mund! Nichts! Ein feister Weißer kletterte als letzter aus dem Abteil. Ich fragte ihn nach dem Star. Der ist längst draußen, war die nicht sehr freundliche Antwort. Ich hatte ihn übersehen! Das gibt's doch nicht! Jeder kennt Louis Armstrong, aus Filmen, aus der Zeitung! Was ich nicht wissen konnte: Armstrong hatte gerade eine Abmagerungskur hinter sich, eine der damals so beliebten Hollywood-Gaylord-Hauser-Kuren, und war auf die Hälfte geschrumpft. Ich lief neben dem dicken Weißen her, der, wie sich herausstellte, der Manager der Band war, und erklärte ihm, daß ich unbedingt ein Interview mit seinem Star haben müsse, weil ich sonst meinen Job verlieren würde und überhaupt wäre das das Ende für mich. Ich log und log und tat dem Unfreundlichen schließlich so leid, daß er mich mit in den Bus der Musiker steigen ließ, und er stellte mich sogar dem abgemagerten Louis Armstrong vor. Der war sehr lieb und beantwortete in dem rumpelnden Bus auf der Fahrt vom Westbahnhof zum Konzerthaus alle meine Fragen. Als ich ihn auf seinen damals größten Plattenerfolg »Mack the knife« (das Lied von Mackie Messer) ansprach, sagte er: »Oh yeah, that's by some German Composer, I forgot the name, I even forgot the words«, und er lachte sein berühmt breites Lachen. Er wußte, daß es von einem Deutschen war, aber er hatte seinen Namen vergessen, und den Text hatte er sich auch nicht gemerkt. Armer

Kurt Weill. Daß der Song aus der »Dreigroschenoper« Mitte der fünfziger Jahre ein Weltschlager wurde, hat der Komponist nicht mehr erlebt, darüber durften sich nun seine Erben freuen.

Wie habe ich eigentlich den Jazz für mich entdeckt? Da gab es nach dem Krieg eine Gruppe, die sich um den Saxophonisten Hans Koller scharte, Leute, die in der Nazizeit heimlich BBC, Soldatensender Belgrad und geschmuggelte Platten gehört hatten, aber die waren viel älter als ich, zu denen hatte ich keinen Zugang. Der Sender Rot-Weiß-Rot war wieder einmal schuld. Man suchte eine Sprecherin für eine neue Jazzsendung, ein Programm, mit dem man die Hörer »erziehen« wollte. Das fing schon damit an, daß man möglichst schön »Dschä-äs« sagen mußte, mit ganz weichem *sch* und einem nicht scharfen *s*. Das war nicht die Regel, die meisten sagten damals Tscheß, ungefähr so wie *chess* (Schach), und natürlich nicht *der* Jazz, sondern »die Tscheß«. Der Gestalter der Sendung, ein Schweizer, mit einem großen eigenen Plattenarchiv, wollte volksbildnerisch wirken, setzte aber ein bißchen viel voraus, bei den Hörern und auch bei mir. Als ich die Sendereihe ein paarmal angesagt hatte, meinte er, er würde jetzt mit mir »blind tests« machen, also, er würde mir Aufnahmen von drei verschiedenen Tenorsaxophonisten oder Gitarristen oder Trompetern vorspielen, und ich sollte sagen, wer wer war (nicht raten!). Ich hatte keine Ahnung. Ich war schon froh, wenn ich die Namen der amerikanischen Musiker richtig aussprechen konnte. Aber ich wollte nicht zugeben, daß ich kein Fachmann war, also habe ich tapfer geraten. Und per Saldo habe ich auch einiges erraten. Und die Sendereihe lief weiter, sehr wohltuend für mein Budget, und ich begann mich für diese Musik zu interessieren und fing schließlich an, sie zu lieben.

Später war ich ja auch ein paar Jahre mit »dem Jazz« verheiratet. Aber ich hatte mich nicht nur in das wunderbare Klavier- und Vibraphonspiel von Bill Grah verliebt ... Ich denke

Aber ich hatte mich nicht nur in das wunderbare
Klavier- und Vibraphonspiel von Bill Grah verliebt ...
1959 mit Bill Grah im Manhattan

sehr gern an die wenigen Jahre zurück, die wir ein junges Jazz-Kabarett-Paar gewesen sind, an die kurze Saison, als Bill das Manhattan führte, das Lokal in der Annagasse, in dem er mit seinem Quartett so schöne Musik à la Modern Jazz Quartet machte, dazu wurden Spezialitäten aus New Orleans serviert. Leider war das Manhattan seiner Zeit voraus, damals »ging« es nicht und wurde bald wieder geschlossen.

Miteinander gearbeitet haben Bill und ich nur ganz selten. Ich hatte eine Scheu, mich von einem Jazzmusiker am Klavier begleiten zu lassen. Ich dachte immer, ich würde nicht »swingen« und könnte mich vor meinem eigenen Mann blamieren. Aber das war natürlich nicht der Grund, daß diese Beziehung nicht gehalten hat. Als man in München, in der Bavaria, meine erste eigene Fernsehsendung mit meinen Wiener Chansons produziert hat, war Bill der Arrangeur und begleitete mich mit seiner Combo. Mit großem Erfolg. Ich hätte mich sehr gefreut, wenn er weiter in Deutschland, seiner Heimat, gearbeitet hätte, aber Bill war nicht ehrgeizig. Er hatte in Wien Wurzeln geschlagen, und ich bekam nach der neun Monate laufenden »Irma la Douce«-Serie in München Angebote aus Berlin und Hamburg, aus Köln und Frankfurt, und in Wien wäre ich doch immer noch mit dem Stempel »Kabarettistin« herumgelaufen.

Und so ging das junge Jazz-Kabarett-Paar bald auch privat getrennte Wege.

Ich war sehr froh, daß Bill nach unserer Zeit in Ingrid eine sehr gute Frau gefunden hat, mit der er bis zu seinem viel zu frühen Tod glücklich verheiratet gewesen ist und die auch, gemeinsam mit seinen Musikerkollegen aus der großen Fatty-George-Zeit, dafür sorgt, daß der Jazzmusiker Bill Grah, der einst zu den weltbesten Vibraphonisten gehört hat, nicht so schnell vergessen wird.

Neuanfang im deutschen Fernsehen:
1962 in Schnitzlers »Spiel im Morgengrauen«

Werbung

Als die Werbung noch Reklame hieß

MÄDCHENSTIMME: Mutti, Mutti!
WARME FRAUENSTIMME (näher kommend)*: Was ist, mein*
Kind?
MÄDCHENSTIMME: Mutti, schau, das schöne Rindfleisch klebt
an der Decke!
SONORE MÄNNERSTIMME: Aber weichgekocht im »Hermes«-
Schnellkochtopf.

Die Werbung war in den fünfziger Jahren bei uns noch sehr
dezent und harmlos, sie belästigte uns nicht, und doch machten wir uns lustig über sie und erfanden immer neue negative
Werbeslogans. Sie hieß damals auch noch gar nicht Werbung,
sondern Reklame. In der RAVAG lief die populäre Sendung
des Reklamefunks »Bunte Minuten«. Zwei Schauspieler plau-
derten und spielten harmlose Szenchen, unterbrochen von
netter Musik. Unaufdringlich hineinverpackt war die Reklame.
Später fingen größere Firmen an, Halbstundensendungen im
Rundfunk zu »sponsern«; das bedeutete, daß eine dunkle, seriös
klingende Stimme am Anfang und am Schluß des Programms
sagte: »Diese Sendung widmet/widmete Ihnen der Buchclub
X oder die Spanplattenfirma Y.« Man brauchte eine halbe Stunde
lang mit keinem Wort zu erwähnen, daß ein Tisch mit der Platte
Y nie Schmutz- oder gar Brandflecken haben würde. Auch das
umfangreiche Programm des Buchclubs X blieb nach dem
Vorspann unerwähnt. Undenkbar, daß man eines schönen Tages

Filme zerschneiden würde, um sie mit nicht enden wollenden Werbeblöcken zu ruinieren. Undenkbar auch, daß die Firmen einmal bestimmen würden, wie eine Fernsehserie weitergeht, wer wen kriegt und daß der Hauptdarsteller schon ein wenig zu alt für seine Rolle ist, wie es heutzutage bei den privaten Sendern laufend geschieht.

Natürlich wurden wir damals auch schon durch die Werbung manipuliert, aber ganz sanft und ohne daß es weh tat. Wie das ging, habe ich einmal am eigenen Leib verspürt. Ich habe, wie viele meiner Kollegen, Werbeslogans fürs Radio gesprochen. Dafür gab es zwar nicht sehr viel Geld, aber es war schnell verdient. Eine Zeitlang war *mein* Produkt eine Kaffeemittelmischung namens »Melanda«. Als ich wieder einmal vor dem Mikrophon stand und sechzig-, siebzigmal das Wort »Melanda« gesprochen hatte, wenn auch in verschiedene Sprüchlein eingebettet, da fingen plötzlich die Buchstaben an zu tanzen, die beiden A und das E tauschten die Plätze. Wie hieß dieser Kaffee oder diese Mischung nun wirklich, »Malender« oder »Malander« oder »Kalender«? Der Spuk war schnell vorbei, und die Aufnahme ging klaglos zu Ende. Eine Stunde später ging ich zu meinem Greißler einkaufen, Butter, Eier, Käse, was man so braucht im Kleinhaushalt. Da sah ich in einem Regal den ominösen »Melanda« stehen und hörte mir selber zu, wie ich sagte: »Und bitte ein Paket von dem da«. Im nächsten Moment dachte ich: »Jetzt spinnst du schon vollkommen. Die Firma schenkt dir doch dauernd ihre Produkte, und du gibst sie immer ungeöffnet weiter. Du trinkst doch gar keine Kaffeemittelmischung, sondern nur feinsten Bohnenkaffee ...« Aber da hatte ich auch schon bezahlt und trug das Einkaufssackerl mit dem von mir beworbenen Produkt nach Hause.

AIDA – die Amerikaner hatten also recht mit ihrem Codewort.

In den USA war man uns, was die Reklamemethoden betraf, weit voraus. Ich fand es faszinierend, was da von der New

Yorker Madison Avenue, wo alle die großen *Advertising*-Firmen saßen, zu uns herüberdrang. Wenn ich nicht so viel Spaß an meinem Beruf gehabt hätte, ich wäre glatt in eine Werbefirma eingetreten – vorausgesetzt, man hätte mich genommen.

AIDA setzte sich zusammen aus A für *Attention* (Aufmerksamkeit), I für *Interest* (Interesse), D für *Desire* (Verlangen), A für *Action* (Handeln).

Ich war dadurch aufmerksam geworden, daß ich mir selber zigmal den Namen vorgesprochen hatte, das Interesse war geweckt, das Verlangen wurde im Greißlerladen so groß, daß ich handeln und das Kaffeegemisch kaufen mußte – AIDA!

Was diese schlauen Köpfe in der Madison Avenue alles ausheckten! Man konnte sie sich vorstellen, diese Eggheads in ihren Büros, adrette Burschen in grauen Flanellanzügen, mit zentimeterkurzen Haaren. Dieser Messerhaarschnitt hieß übrigens damals in den USA »Madison haircut«.

Und welche Stars drüben Werbung machten! Siehe Kapitel »Chesterfield«!

In Europa hat man schnell gelernt. Ein Beispiel: Lux-Seife. Eine große deutsche Waschmittelfirma brachte sie auf den Markt, weiß, leicht duftend und angeblich so schäumend, daß man davon schön wie Aphrodite werden sollte. Den Namen der schaumgeborenen Göttin der Liebe hat man in der Werbung natürlich nicht verwendet, das wäre wahrscheinlich zu hochgestochen für die Konsumenten gewesen. Dafür warben – sicher für sehr viel Geld – die Göttinnen der Leinwand für die Seife, von Elizabeth Taylor bis Sophia Loren, von Lilli Palmer bis Liselotte Pulver. Sie lächelten bezaubernd von den Plakatwänden und aus den Zeitungsinseraten und versicherten immer wieder, daß sie die weiße, milde Lux liebten und daß sie ihren zarten Teint dieser Seife verdankten. Später liebten sie »Lux in Gold«, was eine reine Verpackungsangelegenheit war, noch später hat man auch den Inhalt farblich verändert. »Zart rosa«, »lieblich blau«, »duftig gelb« oder wie bisher »rein weiß« war die Seife nun, die, so renommierte die Werbung,»neun von zehn Filmstars« verwendeten.

Ich bin nie auf einer Plakatwand gewesen, ich war ja auch kein »strahlend schöner Filmstar«, und doch sollte die Seife der Leinwandbeautys eines Tages auch in meinem Leben eine kleine Rolle spielen. Da flatterte mir ein Brief ins Haus, nein, flattern konnte der gar nicht, dazu war er zu schwer, großformatig, aus edlem Bütten, er kam aus Frankfurt. Absender: Lu Wortig. Keine Ahnung. Die Dame namens Lu bat mich zu einem »Meeting« ins vornehme Hotel Imperial, um sich mit mir über – Lux zu unterhalten. Beim Tee erläuterte mir die elegante Frankfurterin die »Werbephilosophie« ihrer Firma. Alle weiblichen Filmstars sollten der Welt mitteilen, wie gut diese Seife ihrer Haut tat.»Ich bin aber kein Filmstar«, warf ich schüchtern ein.»Aber Sie könnten einer werden«, orakelte mein Gegenüber. Es stellte sich heraus, daß Madame Lu den Auftrag hatte, alle Schauspielerinnen im deutschen Sprachraum aufzusuchen, die in wenigstens drei Filmen mitgespielt hatten, und sie zu überzeugen, daß sie für den Fall einer großen Karriere nur für *eine* Seife werben sollten, und die hieß – Lux!
»Ein Vorvertrag?« – »Nicht direkt.« – »Und was bringt mir das – jetzt?« – »Zwölfmal im Jahr eine Luxuspackung Seifen.« – »Keine weiteren Verpflichtungen?« – »Keine.« Ich unterschrieb. Von da an war ich in Lu Wortigs Kartei und bekam zum Geburtstag, zu Weihnachten, zu Neujahr große Billets aus edlem Bütten und – Seifen, Seifen, Seifen, hundertzwanzig Stück im Jahr in hübschen Kartons. Viele sind ungeöffnet in die DDR und nach Ungarn gewandert. Da aus mir kein glamouröser Filmstar geworden ist, kam es zu keinen weiteren Verhandlungen mit Lu Wortig. Ich habe sie auch nie wiedergesehen. Aber als nach vielen Jahren die schönen Billets von ihr ausblieben, da hat mir direkt etwas gefehlt … Manchmal werde ich heute noch an Lux erinnert, wenn ich Knöpfe oder Nähseiden suche und sie dann in einer alten Seifenschachtel finde …

Mein Verhältnis zur Werbung hat sich bald geändert, noch in den fünfziger Jahren. Als ich im Jahr 1958 zum ersten Mal ein Angebot von den Salzburger Festspielen bekam, empfand ich das als große Ehre und sagte von da an alle Werbeangebote ab. Ich fand: Man muß sich entscheiden, ob man ein seriöser Schauspieler sein oder nur ans Portemonnaie denken will. Diesem Prinzip bin ich bis heute treu geblieben.

Ich sehe auch nicht gern einen Schauspieler als »Don Carlos« auf der Bühne, der mir noch vor zwei Stunden mit dunkler Stimme im Radio erzählt hat, wie preiswert man mit dem Reisebüro X nach Madrid fliegen kann oder wie fasertief das Waschmittel Y wirkt.

Ich weiß, daß das in den USA ganz anders gesehen wird, aber dort gibt's auch keine subventionierten Theater.

Pardon, Anfängerin

Kein junger Schauspieler käme auf die Idee, sich freiwillig als Anfänger zu bezeichnen. Im Gegenteil, wenn man ein Neuling ist, meint man meist, schon alles zu wissen und zu können, auf jeden Fall besser zu sein als all die alten Hasen. Wohin ist das ganze Selbstbewußtsein entschwunden, wenn man dann wieder die Schulbank drücken muß! Man hat teures Geld für den Unterricht ausgegeben, büffelt verzweifelt Dinge, zu denen man überhaupt keine Beziehung hat, die Theorie will nicht in den Kopf hinein, die Praxis nicht in Hände und Füße. Das alte Leiden aller Fahrschüler. Aber der Führerschein mußte gemacht werden, denn ohne ihn ließen sich die schönsten Träume der Fünfziger nicht verwirklichen, und die hießen Automobil und Reisen!

Ich hatte brav gespart. Ein VW-Käfer sollte es sein, Exportausführung natürlich und keineswegs gebraucht. Autos waren damals sehr teuer. Meiner sollte 36000 Schilling kosten, bei Barzahlung. Daran war selbstverständlich nicht zu denken, es war schon schwer genug, die Anzahlung zusammenzubringen, und dann hieß es zwei Jahre stottern.

Die gefürchtete Prüfung bestand ich auf Anhieb, der Fahrlehrer war so freundlich, mein Traumauto beim Händler für mich abzuholen, und – da stand es nun: polarsilbergrau mit blitzenden Chromleisten, mit dem schönen Kennzeichen W 12.480.

Nun mußt du dich nur hineinsetzen, starten, die Kupplung treten, den ersten Gang einlegen und wegfahren, zweiter Gang nach unten, dritter rechts nach oben, vierter rechts nach unten, kein Zwischengas nötig, der VW-Export hatte natürlich ein vollsynchronisiertes Getriebe. Toll! Aber der Verkehr! Natürlich war der ein Witz, aus heutiger Sicht, aber nicht für die Anfängerin im Jahr 1957. »Man muß ja nicht so viel fahren«, sagte ich mir. »Zum Rundfunk in die Argentinierstraße vielleicht!« Da hatte ich gerade die ersten »Autofahrer unterwegs«-Sendungen präsentiert, da wollte ich schon mit dem eigenen Wagen angeben.

Wehe, es hat mir ein Kollege zugesehen, wenn ich mich wieder einmal geplagt habe, rückwärts einzuparken! Damals bekam ich von einem Freund das »Pardon, Anfängerin«-Schild, mit dem Ratschlag: »Fahr erst einmal ein Jahr damit, bis dahin bist du sicherer.«

Bald ging es in den Straßen von Wien ganz leidlich, auf die gefährlichen Kurven der Höhenstraße, hinauf auf den Kahlenberg, hatte ich mich noch nicht gewagt.

Der Sommer stand vor der Tür. Ich sollte eine Rolle bei den Bregenzer Festspielen übernehmen. Wie fährt man ans westliche Ende von Österreich? Das ist sehr weit, stellte ich nach eingehendem Studium der Straßenkarte fest. Wie lang würde ich brauchen, zwei Tage oder drei? Vielleicht sollte ich im Salzburgischen die erste Station machen, am zweiten Tag bis München fahren, da könnte ich bei einer Freundin übernachten, und am dritten wär's dann nicht mehr so weit nach Bregenz.

Ich rüstete mich für die lange Fahrt, erkundigte mich noch beim Touring-Club, ob man nicht irgendwelche zusätzlichen Papiere brauchte, mein Weg würde mich doch durchs Ausland führen. »Nein«, hieß es, »es gibt keine Probleme bei der Fahrt durch Deutschland.« An diesen Satz habe ich noch oft denken müssen.

Die erste Etappe verlief problemlos, zwischen Wien und Salzburg gab es sogar schon einige Autobahnteilstücke. Das Wetter war sommerlich heiß, die Abkühlung mit Donnerwetter folgte

Nun mußt du dich nur hineinsetzen, starten, die Kupplung
treten, den ersten Gang einlegen und wegfahren ...
Das erste Auto (1957)

am zweiten Tag. Zwischen Salzburg und München habe ich Blut und Wasser geschwitzt, es goß in Strömen, der kleine Scheibenwischer konnte die Wassermassen kaum bewältigen, die Fenster liefen an. Welchen Knopf muß man drehen, um das Gebläse einzuschalten? Ich war schon froh, daß ich das Licht ein- und ausschalten konnte. Dazu blitzte und donnerte es unentwegt. »Das Auto ist ein Faradayscher Käfig«, sagte ich mir. Das hatte ich vom Theorieunterricht behalten: *Metallische Umhüllung schirmt ab gegen äußere elektrische Felder.* Der Blitz kann also nicht in dich einschlagen, wenn Mister Faraday recht hat. Ich kann höchstens gegen ein anderes Auto knallen, weil ich nichts sehe.

Die Fahrt ging Gott sei Dank ohne Zwischenfälle zu Ende. Kurz vor München hielt ich an. Es hatte aufgehört zu regnen. Ich stieg aus, ging um mein Schmuckstück herum, es war unbeschädigt, aber – etwas fehlte ihm: Das hintere Nummernschild war verschwunden! Wie konnte das passieren?! Und was tut man, wenn nur noch vorn am Auto W 12.480 (diese schöne Nummer) steht? Da half mir auch das »Pardon, Anfängerin«-Schild nicht, da mußte ich eine reife Entscheidung treffen. Die Polizei – dein Freund und Helfer! Ich muß es bei der Polizei melden. Am Stadtrand von München leuchtete mir ein blaues Polizei-Schild entgegen.

»Grüß Gott, ich komme aus Österreich, und mir ist das und das passiert …« – »Sind Sie Österreicherin?« – »Ja!« – »Und der Wagen ist in Österreich zugelassen?« – »Ja.« – »Und wohin wollen Sie?« – »Nach Bregenz.« – »Dann fahren Sie weiter!« – »Keine Anzeige machen, nichts?« – »Nein.«

Schön, aber mein gutes Stück war ja nicht mehr vollständig, es fehlte ihm etwas. Am nächsten Tag in Lindau, vor der österreichischen Grenze, wieder zur Polizei. Vielleicht war man dort besser informiert, was in so einem außerordentlichen Fall zu geschehen hatte. Der Beamte in Lindau nahm sich nicht soviel Zeit wie sein Münchner Kollege. Er meinte kurz: »Das geht

Es wurde ein wunderbarer Festspielsommer ...
1957 in »Opernball« bei den Bregenzer Festspielen

uns nix an, fahren Sie nach Österreich!« Mir fiel wieder der Satz ein, den ich beim Touring-Club gehört hatte: Keine Probleme bei der Durchfahrt durch Deutschland. Österreichische Grenzstation! Jetzt bist du gerettet! Jetzt kommst du in die Heimat, jetzt kann dir nichts mehr passieren. Ich lächelte den österreichischen Grenzbeamten an, ein Landsmann! Er will meine Papiere sehen. -»Bitte.« -»Auch die Autopapiere!« -»Aber gern!« Er geht um den Wagen herum. »Wo ist denn Ihr hinteres Nummernschild?« -»Ich weiß nicht.« -»Aber Sie hatten doch zwei Schilder, oder?« -»Schon ...« - Warum habe ich nicht gleich gesagt: »Das muß mir wohl der Sturm weggerissen haben, wahrscheinlich war es schlecht montiert.« Warum habe ich mich durch Herumstottern verdächtig gemacht? -»Wohin wollen Sie denn?« - Er wurde immer strenger, wie mir schien. »Nach Bregenz, morgen beginnen meine Festspielproben.« Das war ihm völlig egal. Wahrscheinlich ist das ein Mensch, der nie ins Theater geht, dachte ich. »So können Sie mit dem Auto nicht weiterfahren!« Anfängerinnen dürfen auch heulen, und es waren keine Krokodilstränen.

Ich mußte den Polarsilbernen ausräumen. Er war vollgepackt mit Koffern und Taschen und all den Kleinigkeiten, die man mitschleppt, wenn man in ein Engagement fährt. Ein mitleidiger Mensch nahm mich mit in die Stadt und lieferte mich in der Kirchstraße 33 ab, bei Niedermaier, wo ich ein Zimmer gemietet hatte. Meine Gastgeber nahmen das Häufchen Elend, das da ankam, liebevoll auf. Ich bekam das Zimmer der ältesten Tochter Inge, und ich habe geschlafen wie auf Daunen gebettet. Das war ich sicher auch, denn die Niedermaiers waren die stolzen Besitzer des ältesten Bregenzer Bettenhauses.

Es wurde ein wunderbarer Festspielsommer, ich spielte die »Feodora«, eine hübsche Sprechrolle in der Operette »Opernball« von Richard Heuberger. Inge, die mir für einige Wochen ihr Mädchenzimmer vermietet hatte, wurde eine Freundin fürs Leben.

Und was ist aus dem polarsilbergrauen Käfer geworden? Den durfte ich mir an der Grenze abholen und mit einem Schild aus Pappe, auf das W 12.480 gemalt war, eine Woche lang herumfahren. Dann wurde meine schöne Kennzeichennummer gesperrt. In Wien mußte eine neue Nummer beantragt und nach Bregenz geschickt werden. Der Überbringer war so freundlich, mich am Ende der Festspiele mit Sack und Pack und neuer Autonummer in meinem Wagen nach Wien zu kutschieren. »Aber bitte ohne ›Pardon, Anfängerin‹-Schild.«

P. S.: Lieber Leser, sollte Ihnen heute ein Mißgeschick wie mir damals zustoßen, sollten Sie aus irgendeinem Grund ein Nummernschild verlieren, glauben Sie nicht, der Amtsweg wäre in all den Jahren einfacher geworden. Es hat sich nichts geändert.

Ein Typ

Was ist ein Typ? Wann wird man ein Typ, und wann lernt man, mit sich zu leben?

»Der Typ ist sie, aber platinblond will ich sie hab'n«, sagte Heinz Hilpert, nachdem ich ihm vorgesprochen hatte. Das war 1953. Der große Berliner Theatermann, der während des Krieges das Theater in der Josefstadt geleitet hatte, sollte nach langer Pause wieder in Wien inszenieren, diesmal am Volkstheater. Das war eine große Chance für die Anfängerin. Der Autor Ulrich Becher, der gerade aus der Emigration zurückgekehrt war, hatte mit dem »Bockerer« einen ersten großen Bühnenerfolg gehabt. Auch für sein neues Stück »Feuerwasser«, das im Deutschen-Viertel von New York spielte, waren ihm einige sehr gute Typen gelungen, so auch das blonde Dummchen Rosalinde Brown, meine Rolle. Der Hauptdarsteller für die österreichische Erstaufführung von »Feuerwasser« stand schon fest, auch das war etwas Besonderes: Kurt Meisel, der Wiener aus dem zweiten Bezirk, der in Deutschland große Bühnen- und Filmerfolge feiern konnte (er war unter anderem der hinreißende Bösewicht in der »Goldenen Stadt«), endlich auf einer Wiener Bühne! Ich sollte Meisels Frau spielen, eine Amerikanerin, die sich für ihren Liebsten aus einem alten Wörterbuch ein paar Brocken Deutsch beigebracht hat. »Warte die Vögelein, Herzallerliebster mein«, sagt sie zum Beispiel, wenn sie abends wieder einmal ausgehen und ihn allein lassen will. Sobald ihr aber der blumige deutsche Wortschatz ausgeht, verfällt sie in einen breiten amerikanischen Slang (»Hey, watch the canaries or I'll beat you a bloody pulp!«). Komisch, solche Textstellen merkt man

*Außerdem mußte ich oft
beim Friseur sitzen, denn
das Wasserstoffblond mußte
am Haaransatz
alle zehn Tage
aufgefrischt werden.*

*Eine schöne Rolle, aber
»platinblond« mußte sie sein.
An Perücke hatte
keiner gedacht.*
Als platinblonder Vamp
in »Feuerwasser«(1953)

sich genau. Eine schöne Rolle, aber »platinblond« mußte sie sein. An Perücke hatte keiner gedacht. Ich wurde engagiert und marschierte brav zum Friseur, um mich in einer nicht enden wollenden Sitzung in eine Blondine verwandeln zu lassen. Manchmal bin ich in der Früh erschrocken, wenn ich in den Spiegel schaute und mir ein wildfremder Mensch entgegenblickte. Sehr sympathisch war mir diese neue Louise nicht. Außerdem mußte ich oft beim Friseur sitzen, denn das Wasserstoffblond mußte am Haaransatz alle zehn Tage aufgefrischt werden. Das ist manchmal gut, manchmal weniger gut gelungen, dann war der »neue Typ« grünspanig am Kopf, und Punkfarben waren damals noch lang nicht in Mode.

Aber »Feuerwasser« war für mich ein schöner Start an einem großen Theater. Und, wie ich jetzt feststellen konnte, als ich in alten Zeitungsausschnitten kramte, bin ich auch bei den Kritikern gut angekommen. »Szenenapplaus bei jedem Abgang, eine köstliche Parodie!« schrieb einer. Leider gehörte er auch zu denen, die mir mein O gestohlen haben. Dabei stand im Programmheft groß und deutlich: Rosalinde Brown ... Louise (und nicht Luise) Martini.

Ein Typ! Das habe ich schon früh gehört. »Der Typ der Zeit«, das wäre ich für mein Leben gern gewesen, blond, blauäugig, mit süßer Stupsnase wie meine Kollegin Johanna Matz. Meine instinktbegabte Mutter sagte, nachdem sie eine Abschlußvorstellung von uns im Schönbrunner Schloßtheater gesehen hatte:»Wenn eine von euch Karriere macht, dann ist es die kleine Blonde!« Die Matz meinte sie. Über mich hat sie kein Wort verloren. Mein Vater hat nichts gesagt. Ihm habe ich immer gefallen. Leider hatte er nicht lange Gelegenheit, meinen beruflichen Werdegang zu verfolgen. Als er siebenundvierzig war, erlitt er einen schweren Schlaganfall, war vier Jahre bettlägrig und starb im Jahr 1954 mit einundfünfzig Jahren. Ich hätte ihm so gern gezeigt, daß aus seiner Ältesten etwas Ordentliches geworden ist.

Ich war also nicht der »Typ der Zeit«. Ich war dunkelhaarig, die Nase und die Backenknochen breit – zu breit, wie ich fand – kein bißchen »süßes Mädel«. Als ich am Theater in der Josefstadt, damals meine Traumbühne, vorsprach, sagte Direktor Rudolf Steinboeck zu mir:»Wissen Sie, ich such' einen anderen Typ, frisch, unbefangen. Wenn Sie ein Tablett über die Bühne tragen, dann meinen die Zuschauer, Sie hätten noch ein Schicksal.« Heulend kam ich ins Reinhardt-Seminar zurück. Mein Lehrer Fred Liewehr tröstete mich:»Du wirst noch einmal froh sein. Dein Typ wird erst interessant, wenn du dreißig bist.« Sagen Sie das einer Siebzehnjährigen! Mit dreißig, da ist doch schon alles vorbei, da ist man uralt, vielleicht schon tot, denkt man, wenn man siebzehn ist.

Ich war noch lang nicht dreißig, da wurde ich im Kabarett auf einen Typ festgelegt. Längst war ich wieder zu meiner Haarfarbe zurückgekehrt. Aber ob blond, ob braun, ich hatte die Sexbömbchen darzustellen, oder besser, zu parodieren! Meine Mutter hat allen, die es hören wollten oder nicht, immer wieder versichert:»Das Louiserl ist gar nicht so, das Louiserl ist ganz anders!« Es hat wenig geholfen. Jahre später, als ich längst in Deutschland lebte und arbeitete – und dort auch sehr »seriöse« Rollen spielte –, machte ein Wiener Journalist ein Interview mit mir. Er wollte auch gerne »sexy« Photos schießen, was ich nachdrücklich ablehnte. Darauf schrieb er in seinem Blättchen: »Ex-Sexbombe sagt, für mich ist schon halb sieben.«

Wie wäre ich denn selber gern gewesen, am Anfang? Wenn schon nicht der »Typ der Zeit«, dann aber wenigstens einsachtzig groß (ich bin einsdreiundsechzig) und dünn wie eine Bohnenstange (war ich nie). Die Mannequins, die damals bei Christian Dior vorgeführt haben, hatten es mir angetan. Die schwebten immer mit vorgeschobenem Becken und rundem Rücken über den Laufsteg, hatten schmale, bleiche, durchgeistigte Hände, toll! Ein bißchen haben sie ausgesehen wie die Mutter in der »Monster«-Familie von Chess Addams. Das war die Zeit, als ich für Photos immer die Luft eingezogen habe, damit die Nase schmäler wirkte. Gleichzeitig habe ich in die Wangen gebissen, um eingefallen und »durchgeistigt« zu wirken. Es half alles nichts. Wenn ich heute Photos aus dieser Zeit sehe, finde ich mich schon sehr komisch.

Was habe ich alles für Abmagerungskuren gemacht! Die Hollywood- und die Punktediät und die Eierkur ... Und meist auch noch vor Premieren – Devise: Zwei Kilo müssen noch herunter. Einmal hat mir jemand einen sogenannten Appetitzügler empfohlen: Nimm zweimal pro Tag eine halbe Tablette, und du hast überhaupt kein Hungergefühl mehr. Da bekam ich Zustände, die ich nicht meinem ärgsten Feind wünschen möchte: Ich stand auf der Bühne buchstäblich neben mir, habe mir zugesehen und zugehört ... Schlimm! Natürlich sind die Tabletten in den nächsten Mülleimer geflogen. Über »Wirkungen und Nebenwirkungen« klärte einen damals kein Arzt oder Apotheker auf. Aber ich weiß noch ganz genau, daß ich die Tabletten rezeptfrei in der Apotheke kaufen konnte. Sie hießen »Preludin« und kamen später auf den Suchtgiftindex. Vielleicht erinnern Sie sich noch, es gab einmal eine Affäre in Hamburg, in deren Mittelpunkt »Preludin-Charly«, ein Wiener Zuhälter, stand. Wahrscheinlich hat sich der seine »Pferdchen« mit den kleinen Pillen gefügig gemacht.

Manche meinen, zum »Typ« gehöre auch die dazupassende Stimme. Meine war früher viel höher. Als ich im Volkstheater »Dorf ohne Männer« von Ödön von Horváth gespielt habe, sagte der Regisseur Gustav Manker auf einer Probe zu mir: »Du solltest für diese Rolle eine etwas rauhere Stimme haben. Probier das zu Hause aus.« Habe ich. Erfolglos. Ich habe es sogar mit eiskalten Fußbädern versucht. Nichts. Später ist die Stimme ganz von selbst tiefer gerutscht. Gekommen ist es durch langes Serienspielen im Kabarett und schwere Erkältungen, die nie richtig auskuriert wurden. Sänger haben eine viel bessere Technik, außerdem können sie im Notfall absagen. Ich mußte

Das war die Zeit,
als ich für Photos immer
die Luft eingezogen habe,
damit die Nase schmäler wirkte.
Gleichzeitig habe ich
in die Wangen gebissen,
um eingefallen und
»durchgeistigt« zu wirken.
Es half alles nichts.

Abend für Abend spielen, bis ich eines Morgens aufwachte, und aus der Kehle kam – nichts! Absolut nichts! Ein schreckliches Gefühl! Nun war an Spielen nicht zu denken, ich hatte zehn Tage Sprechverbot, darauf folgten lange, teure Behandlungen und Training für die Stimmbänder. Damals haben sich bei meinem Direktor einige Kolleginnen gemeldet, die sich erbötig machten, für mich einzuspringen, »denn die Martini ist doch heiser, die wird wohl nicht mehr können ...!« Das Wort »heiser« höre ich seit damals nicht so gern, ebensowenig wie »rauchiges Organ« oder »Whisky-Stimme«.

Ein Typ! – Viel später, es war in den sechziger Jahren, ich hatte wieder geheiratet, lebte nun in Köln und wollte meinem Mann meine Wiener Kochkünste vorführen. Nur für mich habe ich oft heimlich einen Brei aus Magertopfen angerührt, weil ich wieder einmal fand, ein paar Kilo müßten herunter. Eines Tages überraschte mich mein Mann in der Küche, als ich lustlos meinen Quark verschlang. Er ging recht streng mit mir ins Zeug, was ich denn eigentlich vorhätte, ob ich einen anderen Typ aus mir machen wolle! Ich sei eben keine Gazelle, ich hätte breite Schultern und viel Busen und ein slawisch geschnittenes Gesicht – und: »So will man dich.« So direkt hatte mir das noch niemand gesagt, aber die Lektion hat gewirkt.

Irgendwann lernt man, mit sich zu leben, sich von niemandem zu einem »Typ« machen zu lassen. Man findet sich damit ab, daß man nicht einsachtzig groß und nicht gertenschlank ist; man gewöhnt sich daran, daß die Nase nicht schmal und die Stimme nicht glockenhell ist. – Und die süßen Mädeln sind längst aus der Mode. (Außerdem, was wird aus den Süßen, wenn sie in die Jahre kommen?)

Zeitgenossen, Zeiterscheinungen, Zeitzeichen

A wie Annaberg

Das Annaberg war ein Alt-Wiener Gasthaus beim Volkstheater, ein Biedermeierhaus, einst an die Glacis-Mauer gebaut, höchstens so tief wie ein kleines Zimmer. Es bot beste Hausmannskost, sehr preiswert, die Wirtin stand bis tief in die Nacht in der winzigen, dampfenden Küche. Gasthäuser, in denen man gut und billig essen konnte, gab es in den Fünfzigern noch recht zahlreich in Wien.

Das Wirtshaus, von dem ich Ihnen erzählen will, war etwas Besonderes, es war – eine Institution. Annaberg stand zwar über der Eingangstür, aber von diesem Namen machte kaum einer Gebrauch. Wir gingen zum Fröhlich. Pepi Fröhlich war der Wirt.

Zum Mittagsmenü kamen hauptsächlich die bürgerlichen Geschäftsleute aus der Umgebung. Das wahre Leben beim Fröhlich – unser Leben – begann abends und endete – spät. Unvergessen der Herr Felix, ein Bilderbuchkellner der alten Schule. Weit nach Mitternacht ließ er sich vorsichtig in der Ecke blicken, in der der Schauspielerstammtisch war, schlug seine Schürze zurück, öffnete die darunterhängende große Ledergeldtasche und sagte halblaut: »Zahlen gewünscht, die Herrschaften?« Keiner hatte »Zahlen!« gerufen, keiner wollte gehen. (Junge Schauspieler wollen nie schlafen gehen, auch wenn sie am nächsten Tag um zehn Uhr Probe haben oder gar um sieben Uhr beim Film sein müssen.) Nun fing das Handeln an: »Ein Achterl noch, Herr Felix«. – »Aber dann machen wir heute auch die Rechnung«, sagte der Felix hoffnungsvoll. In der dicken Geldtasche steckten nämlich viele schmale Rechnungszettel mit Namen darauf. Beim Felix konnte man immer anschreiben lassen.

Am Schauspielerstammtisch trafen sich damals Kollegen von der Burg, von der Josefstadt, vom Volkstheater nebenan natürlich, vom Kabarett, von den Kellertheatern. Da gab es keine Klassenunterschiede, aber man wurde auch nicht so einfach an diesem Tisch zugelassen. Ich weiß noch, daß ich zum ersten Mal mit ein paar Kollegen vom Rundfunk hinkam. Wir setzten uns scheu an einen Nebentisch, obwohl wir mit einigen der Schauspieler gut bekannt waren. Ein paar Sätze gingen hin und her, aber es dauerte noch eine ganze Weile, bis ich mich in ein Eckchen an dem immer überfüllten »Kasperltisch« zwängen durfte. Ehe ich dann aus Wien wegging, hatte ich schon meinen bequemen Stammplatz. So wollte es die Hierarchie beim Fröhlich.

Ich sehe sie alle noch da sitzen, die Inge Konradi, die Judith Holzmeister, den Walter Kohut, den »Sowerl« Sowinetz, die Martha Wallner und ihren Erich Auer, den jungen Helmut Lohner, den »Sir« Carl Bosse, den Regisseur und Bühnenbildner Gustav Manker, der bald Volkstheaterdirektor werden sollte, Hilde Sochor, Luzie Neudecker mit ihrem theaterbegeisterten Ehemann, dem Gerichtsmediziner Holczabek, und natürlich Hans Weigel. Der hat über den Fröhlich sogar ein vielseitiges Gedicht in Hexametern verfaßt, das in der Schweizer Satire-Zeitschrift »Nebelspalter« erschienen ist. Es beginnt:

Singe, Muse, den Gram des leidgewohnten Herrn Felix,
Der, schon war es halb zwei und sonst kein Gast im Lokal mehr,
Fruchtlos die Konsumation auf Rechnungszetteln addierte,
Hoffend, daß dieser Wink den Aufbruch der Gäste befördre;
Doch weh' ihm, er hätte dank überlanger Gewöhnung
Wissen müssen, daß nichts, kein Wink, kein Bitten, kein Betteln,
Mitleid nicht und nicht Vernunft die emsig blödelnde Runde

Je zum Aufbruch bewegte; sie saßen und saßen und saßen,
Abend um Abend und Woche um Woche und Monat um
Monat,
Saßen trinkend und scherzend und spielend im Beisel des
Fröhlich ...

Alle kommen sie drin vor, von denen ich eben erzählt habe
und noch ein paar mehr. Sich selber nahm er auch nicht aus:

Stammgast ist dort auch Weigel, manch anderen dadurch
entfremdend,
Zornbinkel und Journalist, mit böser Goschen verletzend
Und der Nachsicht bedürfend (wie kommt man dazu, sie
zu üben?)

Auch der Wirt wurde verewigt:

Fröhlich, der Herr des Lokals, sitzt irgendwo frierend und
schlummernd,
Wagt nicht, die Runde zu mahnen, er will nicht die Kundschaft
verlieren;
Sagt mir, die weit ihr gereist, die Länder und Meere
durchfahren
Wo einen Wirt ihr gefunden, der für eine Handvoll von Gästen,
Die, dies ist auch von Belang, so gut wie nichts konsumieren,
Offenhält das Lokal zwei Stunden und mehr nach der
Sperrstund' ...!

Und am Schluß heißt es:

Was ist es wohl, frag ich mich und fragt Ihr auch Euch hin und
wieder,
Das uns alle einander so suchen heißt, das uns veranlaßt,
Leidenschaftlich dem Jetzt, dem Augenblick uns zu geben,

Jede Minute des Schlafs als verloren, als unwiederbringlich
Uns empfinden läßt und das uns die nächtlichen Stunden,
Da die Geister geweckt und hell das Bewußtsein des Lebens,
Gierig voll ausleben heißt? Ich meine die Antwort zu ahnen:
Ach, die Zeit ist nicht gut, die Dunkelheit, die wir schon kennen,
Hockt, zum Sprunge geduckt, am Rande jeglicher Stunde.
Drum, Freunde, lasset uns wach sein und zechen und spielen
und blödeln,
Ganz dem Hier und dem Jetzt bewußt und genießend
uns geben.

Auch Paola Löw, die schöne, junge Frau von Friedrich Gulda, ist oft nach der Vorstellung am Stammtisch gesessen. Der erfolgreiche junge Pianist war häufig auf Konzertreisen, Paola kam auch allein, sie kam selbst dann noch, als ihr Bäuchlein dick und rund war. Hans Weigel, den wir hier nicht als scharfen Kritiker, sondern als liebenswerten »Kümmerer« kennengelernt haben, führte Paola direkt vom Fröhlich in die Klinik, wo sie ihren Sohn Paul zur Welt brachte, auch er heute ein anerkannter Pianist.

Was haben wir beim Fröhlich für Feste gefeiert! Als der Keller ausgebaut war, hat man's mit der Sperrstunde nicht mehr so genau genommen. Später wurde der Fröhlich vornehm und eröffnete im ersten Stock ein kleines Restaurant – im Gegensatz zum Gasthaus im Erdgeschoß. Hier trafen sich dann die großen Älteren der Theater, Hermann Thimig und Vilma Degischer und Gusti Wolf, Anton Edthofer ...

Ich bin manchmal noch spätnachts, wenn auch der letzte Unentwegte gegangen war, beim Pepi Fröhlich an der Schank gesessen. Er hatte immer die neuesten Frank-Sinatra-Langspielplatten, und während er die Tagesabrechnung schrieb, sang Frankieboy: »In the wee small hours of the morning«.

B *wie »Bettelstudent«*

»Der Bettelstudent« von Carl Millöcker in der Volksoper. Durch Vermittlung meines Lehrers Fred Liewehr durfte ich Komparserie machen. Es war das erste Mal, daß ich ein so großes Haus durch den Bühneneingang betrat. Liewehr hatte Urlaub vom Burgtheater bekommen und trat zum ersten Mal in Wien als Sänger auf, er war Simon, der »Bettelstudent«. Maria Cebotari, schon todkrank, sang unbeschreiblich schön die Laura. Es sollte ihre letzte Premiere werden. Adolf Rott, der spätere Burgtheaterdirektor, hat Regie geführt, Anton Paulik saß am Dirigentenpult.

So eine Operette braucht natürlich viel Komparserie, und die war in einem unfreundlichen großen Raum im vierten Stock, direkt unter dem Dach, untergebracht, nach Männlein und Weiblein getrennt, versteht sich. Ich habe mich sehr unglücklich gefühlt, aber immerhin gab es pro Abend 7,30 Schilling (nach der Erhöhung sogar 7,80 Schilling!). In der Mitte des Komparserieschuppens stand ein Tisch, darauf ein paar große Töpfe mit bräunlicher Schminke und fettiger Abschminke. Recht unappetitlich war das alles. Keiner sagte mir, wie ich mit diesem Bühnen-Make-up umzugehen hatte (in meinem Studienbuch stand zwar vier Semester lang »Schminkkunde«, aber wir hatten nicht eine einzige Stunde!). Die Statistinnen hatten sich in drei Grüppchen geteilt: Da waren die – meist älteren – Berufskomparsinnen, dann die »Möchtegern-Chorsängerinnen« und schließlich ein paar Studentinnen. Die letzte Gruppe hat mich nach anfänglicher Reserviertheit aufgenommen, und wir hatten dann viel Spaß miteinander. Die Mädchen, die gern Sängerinnen gewesen wären, haben immer bei den Choreinsätzen auf der Bühne die Münder aufgerissen und so getan, als würden sie mitsingen. Vielleicht dachten sie, man würde sie eines Tages entdecken.

Eine war darunter, von der erzählte man sich, sie hätte für den Volksopernchor vorgesungen, sei aber nicht engagiert worden.

Und gerade die, ein fesches, g'stelltes Wiener Madl, erklärte eines Abends:»Heut' bin ich das letzte Mal da. Ich geh' nach Innsbruck als Erste Hochdramatische.«»Als Solistin – nach Innsbruck?« tuschelten einige.»Soll sie doch sagen, sie geht nach Deutschland, das kann man nicht so leicht kontrollieren.« Sie ging wirklich ans Theater der Tiroler Hauptstadt, bald darauf nach Saarbrücken, und wieder ein paar Jahre später sang sie schon in Bayreuth. Ihr Name war – Leonie Rysanek. Ich habe sie danach viele Jahre nicht gesehen, aber ich war stolz auf sie, als sie mit Karajan als Star in Wien einzog. Sie hat an allen großen Opernbühnen der Welt gesungen, sie hat das New Yorker Publikum im Sturm erobert, als sie für die Callas einsprang. Sie war auch oft und gern in der Bayrischen Staatsoper zu Gast, und in München bin ich ihr schließlich wiederbegegnet – beim Friseur.

Es war in den sechziger Jahren. *Man* ging damals in den Salon Stockinger. Die Stockingerin setzte mich einmal, weil der Laden voll war, in eine Kabine, in der gerade einer Dame der Kopf gewaschen wurde.»Eine sehr liebe Landsmännin von Ihnen«, sagte sie,»die Kammersängerin Leonie Rysanek«, und sie machte uns miteinander bekannt. Da saßen wir nun beide mit dem Kopf nach hinten und wurden eingeschäumt. Ich habe irgend so was gesagt wie:»Ich würde Ihnen gern alle Blumen zu Füßen legen, die ich jetzt leider nicht habe.« Sie, die verehrte große Sängerin, erwiderte, sie sei oft beim Qualtinger gewesen und habe so viel über uns gelacht. (Sie hat gern gelacht. So will ich sie auch in Erinnerung behalten.) Nun hat mich der kleine Teufel geritten:»Sprich sie doch auf die Volksoper an!« –»Nein, das geht nicht!« Der Teufel war stärker. Ich sagte:»Wir kennen uns zwar nicht gut, aber schon recht lang.« Darauf die Rysanek:»Da müssen Sie mir helfen.« –»Wien, Volksoper, Bettelstudent«, sagte ich vorsichtig. Da hebt sie den nassen Kopf aus der Waschschüssel und lacht zu mir herüber:»Mein Gott, haben Sie auch Komparserie gemacht?«

Sie hat mich dann in München oft in ihre Vorstellungen eingeladen. Ich habe sie als »Salome« erlebt, als »Tosca«, als »Senta« im »Fliegenden Holländer«. Wir waren auch einmal in derselben Fernsehsendung zu Gast, und ich hatte mich darauf gefreut, sie wiederzusehen, wenn sie Wiener Festwochenpräsidentin sein würde. Es kam nicht mehr dazu.

Ich werde die Rysanek nicht vergessen, die große Künstlerin, die einst ganz uneitel gesagt hat: »Mein Gott, haben Sie auch Komparserie gemacht?«

C wie Café

Das Wiener Kaffeehaus – eine Institution. Die berühmten Literatencafés suchte man in den fünfziger Jahren vergeblich, vorbei waren die großen Zeiten des Café Central, des Griensteidl, des Café Herrenhof, wo einst Peter Altenberg, Karl Kraus, Egon Friedell, Adolf Loos, Alfred Polgar ihre Tage und Nächte verbrachten.

In einem alten Lied heißt es: »Der Wiener braucht« sein Stammcafé.« Er braucht seine Zeitungen, die vielen Gläser Wasser nach der Melange, dem Kleinen Braunen, der Schale Gold … Für die Literaten war es ein Ort, »wo man nicht zu Hause und doch nicht an der frischen Luft« ist. Bald gab es wieder eine ganze Reihe von Stammcafés.

Der Theaterdirektor Ernst Haeusserman, der ohne Stammlokal nie vorstellbar war, residierte im Café Savoy (und hatte schon damals neben seinem Tisch einen eigenen Telephonanschluß!). Bei ihm saßen Theater- und Filmstars. Auch Friedrich Torberg, der Kritiker und erfolgreiche Schriftsteller, kam oft mit seiner aparten Frau Marietta. Freunden aus der Emigrationszeit gab man die Adresse schon in New York oder in Hollywood, ehe sie ins Flugzeug nach »Good Old Vienna« stiegen.

Hier wurde stets auch Politik gemacht – Theaterpolitik. Stammgäste des Savoy hat man nur selten in dem beliebten Künstlercafé Hawelka gesehen, sicher nie im Café Raimund.

Ins Raimund kamen regelmäßig die Schauspieler vom gegenüberliegenden Volkstheater, schnell, auf einen Kleinen Mokka oder ein Paar Würstel während der Probenpause. Viele blickten scheu zum Tisch von Hans Weigel. Ob er die gestrige Premiere wieder verrissen hat? Im Raimund hat Weigel die junge Garde der österreichischen Schriftsteller um sich geschart, und er hat viel für den dichtenden Nachwuchs getan. Aber er war eben auch Kritiker und einer mit einer besonders scharfen Feder.

Als er nach einer »Maria Stuart«-Premiere im Burgtheater einen furchtbaren Verriß über Käthe Dorsch geschrieben hatte, ging die große Schauspielerin kurz entschlossen zum Café Raimund und versetzte ihm eine kräftige Watsch'n. Schon am nächsten Tag sang man in der Marietta-Bar in Anlehnung an die »Kiss me Kate«-Vorstellung in der Volksoper »Hit me Kate«, und Hans Weigel wurde auch über die Grenzen Österreichs hinaus eine Berühmtheit, als »der Kritiker, den die Dorsch vor seinem Stammcafé geohrfeigt hat«.

D *wie Doderer*

Wenn ich heute durch die Hauptstraße meines Wiener Heimatbezirks, des achten, in Richtung Innenstadt wandere und das Theater in der Josefstadt passiert habe, komme ich am Ende an einem Gasthaus vorbei, Ecke Lenaugasse und Josefstädter Straße. Ein großes Wirtshaus, völlig verfallen und verlassen, zersprungene, total verschmutzte Fensterscheiben; abends sieht man seltsamerweise manchmal einen schwachen Lichtschimmer, gespenstisch! »Gasthaus Blauensteiner ›Zur Stadt Paris‹« steht über der Tür.

Auf einer Steinplatte, die dick mit Staub bedeckt ist, liest man:

Am Stammtisch blieben bei Herrn Franz und Frau Elly Blauensteiner noch etliche sitzen, auch der Schriftsteller Döblinger. Am betreffenden Abende war denn auch alsbald das Wirtshaus ›Zur Stadt Paris‹ bis auf den letzten Platz voll besetzt ...

»Ein anderer Kratki-Baschik«, Erzählung
von Heimito von Doderer, 1896–1966.

Das Blauensteiner war einst das Stammlokal des Dichters, und in der Erzählung hat er ihm ein Denkmal gesetzt. In den fünfziger Jahren war es ein ordentliches Gasthaus mit gut geführter Küche, sauber und aufgeräumt. Hier saß der Dichter, der einst ein gerngesehener Gast in den Wiener Salons gewesen war, und empfing seine Freunde. Auch Helmut Qualtinger zählte dazu. Doderer wurde der Taufpate von Qualtingers einzigem Sohn Christian Heimito.

Mich hat man auch manchmal ins Blauensteiner mitgenommen. Doderer mochte mich. Aber ich glaube, der Dichter der »Strudlhofstiege« mochte überhaupt Frauen mit üppigem Busen.

E wie Espresso

Espresso hieß die große Mode der Jungen, und damit war der wunderbar cremige Kaffee aus der chromblitzenden Maschine gemeint, aber auch die neuartige Ausstattung der Lokale. Weg mit Plüschbänken und Marmortischchen, zierliche, manchmal recht wackelige und gar nicht so bequeme Stühlchen mußten her. Die Wände wurden mit bizarren Formen in knalligen Farben bemalt. Neben der Espressomaschine stand der Mixer, in dem die nahrhaften Milchfrappés hergestellt wurden, rosa, hellgrün, zartgelb und – süß! Aber nicht alles, was sich Espresso nannte, machte die neue Mode mit. Ein bißchen Kaffeehausatmosphäre wollte man da und dort doch behalten. Da gab es zum Beispiel neben dem Hotel Bristol, bei der Oper, ein sehr vornehm eingerichtetes Lokal im ersten Stock, das hieß – dezent unterspielt – Briex. Hier traf man sich zum Rendezvous am späten Nachmittag, hier wurden aber auch Geschäftsabschlüsse getätigt, bei denen es um viel Geld ging. Es war kein Café, es war keine Tagesbar, es war – das Briex! Einige, die besonders fein sein wollten, sagten damals auch »Expresso« zum Kaffee, aber die gehörten nicht zum Publikum des Briex.

Am Graben eröffnete das Café Europe im neuen Kleid. Ich glaube, das ist eines der wenigen Lokale in Wien, die heute noch fast genauso aussehen wie damals (und der Espresso schmeckt auch immer noch genauso gut!).

Sehr gern erinnere ich mich an das gemütliche Espresso Graf Bobby in der Seilergasse im ersten Bezirk, wo es die beste Borschtsch gab. Hier saßen die jungen Journalisten und Photographen nach Redaktionsschluß und fachsimpelten: »Wer hat die heißeste Neuigkeit für die morgige Zeitung?« – »Wird sie im ›Bildtelegraf‹, in der ›Weltpresse‹ oder im ›Neuen Kurier‹ stehen?« Vom Intimen Theater waren es nur ein paar Schritte zum Bobby, und ich war oft da, weil es interessant war, einmal etwas von einem ganz anderen Metier zu erfahren und – weil man mit den jungen Journalisten so schön blödeln konnte.

Frau Doktor Dorka Schlang war die Besitzerin des Lokals, eine kluge Frau und eine liebevolle »Journalistenmutter«. Sie sprach Deutsch mit einem harten Akzent. Ich wußte nichts über ihre Vergangenheit. Als Sommer war und Dorka eine kurzärmelige Bluse trug, habe ich wohl einmal auf ihren Arm und die dort eintätowierte Nummer gestarrt. Sie sah mich an und sagte nur kurz: »Auschwitz.«

Roman Schliesser, der langjährige Gesellschaftskolumnist der »Kronen Zeitung« ist ein Freund seit den Bobby-Zeiten, ebenso Harry Weber, der Meister der Theaterphotographie. Auch Gustav Peichl kam regelmäßig ins Bobby, der junge Architekt, der gerade sein erstes Büro eröffnet hatte. Unter dem Pseudonym Ironimus war er bereits ein sehr erfolgreicher Karikaturist, der regelmäßig für die »Presse« zeichnete. Aber auch andere große in- und ausländische Zeitungen und Magazine druckten seine gescheiten gezeichneten Kommentare ab, der »Spiegel«, das »Magnum«, die »Zeit«. Hans Weigel schrieb 1956 über ihn:

... allmählich wird sein Bild der Politiker und anderen Großen zum Original und das wahre Antlitz zur Kopie: Die Karikatur ähnelt nicht dem Dargestellten, sondern dieser der Karikatur.

Von seinen vielen preisgekrönten Bauwerken ist mir eines besonders vertraut, ja über die Jahre fast zur Heimat geworden: das ORF-Funkhaus in Salzburg. Peichl hat insgesamt sechs neue Funkhäuser in Österreich gebaut und auch dafür manchen Preis erhalten, der Herr Professor, der für mich immer noch der lustige Gustl aus dem Espresso Graf Bobby geblieben ist.

F *wie Fledermaus*

Keine Operette ist mir so vertraut wie die »Fledermaus« von Johann Strauß. Ich habe sie oft gehört, aber die Musik ist mir nie langweilig geworden. Kennengelernt habe ich sie, als ich die »Ida« in der Volksoper übernommen habe. Diese Rolle ist eine sogenannte »Wurz'n«. Ida hat nur die Funktion, ihrer Schwester Adele einen Brief zu schreiben, um sie aus dem Hause ihrer Dienstgeber zum Fest des Fürsten Orlofsky zu locken.

Bei diesen Festen geht es immer recht locker zu (was man halt im vorigen Jahrhundert in Operettenlibretti als locker empfunden hat). Mit Champagner, dem »Kenig aller Weine«, wie der Prinz Orlofsky es »echt russisch« ausspricht, verbrüdert man sich »duidu, duidu, tralalalalala«. Der Prinz befiehlt: »Eine große Bruderschaft – es sei!« Bei einem Orlofsky-Sänger mußte ich nach »Bruderschaft« immer »eins« sagen, sonst wäre er aus dem Takt gekommen.

Als ich zur ersten »Fledermaus«-Probe in die Volksoper kam, war mir ein bißchen komisch zumute. Ich mußte nicht mehr in den vierten Stock zu den Statisten hinaufklettern, wie im »Bettelstudent« ein paar Jahre vorher, ich durfte die Garderobe gleich neben der Bühne mit der Darstellerin der »Adele« teilen. Als der Komparseriechef, der alte Sklaventreiber, mir zum erstenmal wieder begegnete, tat er, als würde er mich nicht kennen. Er sagte: »Küß' die Hand, gnä' Frau« zu mir und machte einen Diener. Ich hatte jetzt eine richtige Solistengage, zweihundert Schilling pro Abend, und war jemand! Elfie Mayerhofer sang sehr oft die Adele, und sie sang sie wunderbar. Elfie war auch eine bezaubernde Schauspielerin und eine besonders nette Kollegin, die der Anfängerin allerlei Tips für das Make-up im großen Haus gab und ihr auch noch kostbare Schminkutensilien schenkte.

Hätte ich nicht die Ida in der Oscar-Fritz-Schuh-Inszenierung in der Volksoper gespielt, wäre man wahrscheinlich nicht auf die Idee gekommen, mich für die Schallplattenproduktion unter Herbert von Karajan in London zu engagieren.

Weiter siehe L wie London.

G wie Glück und Glas

Glück und Glas – wie leicht bricht das. Der Reim ist nicht ganz sauber, aber es soll hier auch nicht um die Korrektheit in der Dichtkunst gehen, sondern um Aberglauben, der in meinem Beruf sehr verbreitet ist und liebevoll gepflegt wird. Schon in der Schauspielschule erfährt man, daß man vor Premieren den Kollegen um Gottes willen nicht »alles Gute« wünschen darf. Das würde sich sofort ins Gegenteil verwandeln. »Toi toi toi« muß man sagen und dem Partner über die linke Schulter spukken, und der darf darauf ja nicht »danke« sagen. Die französischen Schauspieler, auch die von der vornehmen Comédie française, benützen als Glücksbringer das sonst nicht gerade gesellschaftsfähige Wort »merde«.

Wer in der Garderobe einen Spiegel zerbricht, hat sieben Jahre Pech. Wie viele Spiegel sind im Theater schon zu Bruch gegangen! Bei mir kämen gute hundert Jahre Pech zusammen. Aber dafür bin ich auf dem Weg zur Bühne schon oft über die Stufen *hinauf* gestolpert, und das soll ja Glück bringen (sofern man nicht hinfällt, sich die Nase blutig schlägt und nicht mehr weiterspielen kann).

Ich wüßte so gern, woher die verschiedenen Gebote, Verbote, Tabus kommen. Warum darf man auf der Bühne keinen Schirm aufspannen? Daß man während der Probe nicht essen soll, leuchtet mir ein, Partner mit vollem Mund sind nicht nur in Liebesszenen wenig attraktiv. Früher hieß es immer, einem ungeschriebenen Theatergesetz nach dürfe man vor der Vorstellung keine Marinaden und keinen Knoblauch zu sich nehmen. Wäre daran nur ein Aberglaube geknüpft, dann würden sich heute mehr Leute daran halten.

Vor dem Schminkspiegel in der Garderobe hat man die Maskottchen stehen, die einen behüten sollen. Als ich aus Wien weggegangen bin, habe ich meine Glücksbringer natürlich nach München mitgenommen, einen großen Plastiksack voller Steine,

Stofftiere und selbstgemachter Kasperln. Sie sind von Engagement zu Engagement, von Fernsehstudio zu Fernsehstudio mit mir gereist. Dazwischen ruhten sie zusammengepfercht in ihrer Plastikhülle. Als ich nach Köln übersiedelte, habe ich ausgemistet. Ich schaute meine angestaubten Maskottchen noch einmal liebevoll an und warf sie dann alle in den Mülleimer. »Schließlich spiele ja ich und nicht die für mich«, sagte ich mir. »Ich bin ein vernünftiger Mensch und will mich nicht von so kindischen Dingen bestimmen lassen!« Aberglaube ade!

Ein paar Jahre später habe ich einen neuen Aberglauben erfunden, einen, den es bis dahin nicht gab. Ich saß in der Premiere eines Theaterstücks, das mein Mann inszeniert hatte, ich drückte den Daumen, nur den linken natürlich, rutschte nervös auf meinem Platz hin und her, und als ich die Beine übereinanderschlagen wollte, zögerte ich und stellte schließlich die Füße wieder nebeneinander hin. Ich fand plötzlich, die gekreuzten Beine würden die glückbringende Wirkung des gedrückten Daumens wieder aufheben ...

Im übrigen bin ich überhaupt nicht abergläubisch. Mich stören schwarze Katzen nicht, die über den Weg laufen. Freitag der 13. hat keinen Schrecken für mich. Ich wohne natürlich auch im Zimmer Nummer 13 im Hotel (sofern es das noch gibt, in vielen Hotels folgt ja auf 12 gleich die Nummer 14). Aber – wenn ich aus dem Auto aussteige, darf da auf der Straße nicht gerade ein Kanalgitter sein, darauf trete ich nicht, und unter einem Gerüst gehe ich auch nicht durch, und wehe, ein junger Kollege pfeift auf der Bühne oder im Atelier! Das können die Jungen nicht früh genug lernen. Natürlich sollen sie nicht abergläubisch werden wie wir, aber Pfeifen bedeutet, daß sie ausgepfiffen werden, und zerbrochene Spiegel in der Garderobe ... ach so, das hatten wir ja schon.

$\mathcal{H}$ *wie Hochzeit*

Hochzeit haben in den fünfziger Jahren viele meiner Freunde gehalten, ich ja auch, im Jahr 1958. An eine erinnere ich mich besonders gern, die war arm und schön und kurios, die Hochzeit meiner Kollegen Herta und Werner im Jahre 1950. Zur Erinnerung: Das war die Zeit, als ich zwei Schilling pro Abend verdiente, und Werner, mein Partner in dem Stück »Krankheit der Jugend« von Ferdinand Bruckner, hat sicher nicht viel mehr bekommen. Wir waren ganz arme Hunde, was uns aber nicht daran gehindert hat, das Leben schön zu finden und viel Spaß zu haben.

Auf dem Standesamt fing es an, da konnten wir uns schon vor Lachen nicht halten, denn die Namen der Trauzeugen, die der Beamte aufrief, hatten wir nie gehört: Peter Kakoun?! »Ja«, sagte unser Inspizient, den wir nur als Peter Trenk kannten. Und so ging's weiter. Künstler haben eben Künstlernamen. Und ich hieß ja auch nicht mehr Chiba, sondern Martini. Vom Standesamt fuhren wir allesamt mit der Straßenbahn hinaus in die Vorstadt, wo die Verwandtschaft der Hochzeiter in einer kleinen Gemeindewohnung logierte. Die »Tafel« war in der Küche aufgebaut. Man hatte zwei Tische zusammengestellt und darüber ein großes, blitzsauberes Leintuch gespannt. Wen störte es, daß die Tische verschieden hoch waren. Natürlich gab es nicht genug Stühle, da wurden an den Längsseiten der Tische zwei Bügelbretter über jeweils zwei Stühle gelegt. Wichtig war, daß genügend zu essen und zu trinken vorhanden war. Die Brautmutter hatte sich nicht lumpen lassen und mit Tanten und Freundinnen Berge von belegten Broten hergerichtet. Einige Doppler Wein waren da. Es ging uns wunderbar.

Plötzlich, mitten in die »Hoch soll'n sie leben«-Stimmung, läutete es an der Türe. Der Hausherr öffnete. Draußen stand ein Paar wie aus einem Karl-Valentin-Film, ein ganz langer dürrer Mann und eine kleine, rundliche Frau. »Wir haben

Das war die Zeit, als ich
zwei Schilling pro Abend verdiente,
und Werner, mein Partner, hat sicher
nicht viel mehr bekommen.
Mit Werner Kreindl 1950/51 in »Krankheit der Jugend«

g'hört, do is a Hochzeit«, sagte der Lange bescheiden, »derf ma singen?« Natürlich durften sie. Ihr Lied werde ich nie vergessen: In schönsten Schusterterzen und im herbsten Vorstadtwienerisch sangen sie:»Weiße Chrysanthemen schenk ich dir zum Hochzeitstag.« Die Verwandtschaft hat sicher ein paar Tränen zerdrückt. Das Schauspielerpack konnte das Lachen nicht verbeißen.

»Valentin« und seine Partnerin bekamen Brote und Wein, und wahrscheinlich sind sie danach zur nächsten Vorstadthochzeit weitergezogen.

I wie Inszenierungen

Was bleibt in der Erinnerung nach so langer Zeit? Ich bin kein Kritiker, ich kann kein Werturteil abgeben. Will ich auch gar nicht. Ich habe meine Gedanken auf Reisen geschickt, ins Theater in der Josefstadt, das Haus, um dessentwillen ich meinen Beruf gewählt habe, ins Volkstheater, wo ich oft gespielt habe, ins Burgtheater, Akademietheater, in die Scala, in Die Insel, ins Theater an der Wien. Und dann sind die Bilder dazu aufgetaucht.

Käthe Gold in ihrer Welt von Glastieren im Akademietheater, eine berührende Figur, zerbrechlich, verletzlich, Käthe Gold, die große Schauspielerin, aus der Ferne verehrt. In den späten Jahren durfte ich mit ihr befreundet sein. Ihre Stimme werde ich nie vergessen. Berthold Viertel hatte die »Glasmenagerie« von Tennessee Williams inszeniert, Helene Thimig, damals meine Direktorin im Reinhardt-Seminar, spielte die Mutter, Curd Jürgens den Bruder, Josef Meinrad den Freund. Was für eine Besetzung!

In der Josefstadt lief etwa zur gleichen Zeit »Leocadia« von Jean Anouilh mit der blutjungen, zauberhaften Aglaja Schmidt.

Und der Prinz war Oskar Werner! Den Dänenprinzen »Hamlet«, wohl seine schönste Bühnenfigur, hat er ein paar Jahre später auch an diesem Theater gespielt. Ich meine immer noch, ihn im Licht auf der Bühne zu sehen und seine unvergleichliche Stimme zu hören.

Die große Elisabeth Bergner kam mit einer Tourneevorstellung von »Tiefe blaue See« von Terrence Rattigan nach Wien, Rudolf Forster und Ernst Deutsch waren ihre Partner.

Im Volkstheater spielte man »Die schmutzigen Hände« von Jean Paul Sartre, mit einem schmalen, blassen, begabten Mädchen namens Maria Emo. Etwa zur gleichen Zeit lief an diesem Haus auch »Feuerwasser«, mein Debütstück. Und davon hat meine treue »Archivarin« Rosy Kühnel einen Theaterzettel gefunden. Der berühmte Regisseur Heinz Hilpert hatte ein herrliches Ensemble zur Verfügung: von Kurt Meisel bis Harry Fuß, von Oskar Wegrostek bis Karl Skraup. Ganz unten steht »Drei Kaugummi-Kauer: Peter Brand, Hans Eibl und Otto Schenk«. Schenk hat wahrscheinlich die kleine Rolle nur in der Premiere von »Feuerwasser« gespielt, denn kurz darauf ist er in den Keller gestiegen und hat Karriere gemacht. Sprungbrett für ihn war das Theater am Parkring und eine Inszenierung, von der man heute noch spricht, die österreichische Erstaufführung von »Warten auf Godot« von Samuel Beckett. Regie geführt hat Erich Neuberg, der später Oberspielleiter des jungen Fernsehens werden sollte. Schenks Partner waren Kurt Sowinetz, Günther Haenel und Erland Erlandsen.

In der Scala bin ich nicht sehr oft gewesen, aber ich hatte das Glück, auf dieser Bühne Therese Giese als »Mutter Courage« zu erleben. Sehr deutlich in Erinnerung habe ich auch einen wilden, expressiven Karl Paryla als »Figaro« in Beaumarchais' »Ein toller Tag«, das muß etwa 1950/1951 gewesen sein. Unseren hochbegabten Seminarkollegen Heinrich Schweiger hatte man von der Schauspielschule weg als »Cherubin« engagiert, und wir waren alle sehr stolz auf den schmalen, hübschen Jüngling.

»Liebelei« von Arthur Schnitzler im Akademietheater – das gehört zu den Sternstunden des Wiener Theaters in den fünfziger Jahren, mit Inge Konradi, einer ans Herz rührenden »Christine«, und Hans Moser, ergreifend als ihr Vater. Videoaufzeichnungen gab es damals noch nicht, und auf die Idee, diese exemplarische Vorstellung als Film für die Nachwelt zu konservieren, ist wohl keiner gekommen. So lebt sie nur in den Köpfen von einigen wenigen Zuschauern weiter.

Das Theater an der Wien war bis zur Wiedereröffnung der Staatsoper, im Herbst 1955, Ausweichquartier der Oper. An die großen Abende in dem schönen Haus beim Naschmarkt erinnern uns zumindest Schallplattenaufnahmen aus der Zeit. Viele schwärmen heute noch von den Mozart-Inszenierungen in Luxusbesetzung mit Paul Schöffler, Irmgard Seefried, Hilde Güden, Anton Dermota, Erich Kunz ... Regie führte immer Oscar Fritz Schuh, und am Pult standen Joseph Krips, Otto Klemperer, Karl Böhm.

Den Privattheatern ging es zu Beginn der fünfziger Jahre sehr schlecht. Sie konnten in manchen Monaten nicht einmal die Gagen bezahlen. Zu den Privattheatern gehörten die Josefstadt, das Volkstheater, ebenso wie Scala, Insel, Bürger- und Raimundtheater. – In dem Buch »Premierenfieber« von Kurt Kahl lese ich, daß »die Bühnengewerkschaft damals die jungen Menschen öffentlich davor gewarnt hat, einen Theaterberuf zu ergreifen«. Ein Glück, daß diese Warnung nicht bis zu meinen Eltern gedrungen ist.

Die Gemeinde Wien führte einen »Kulturgroschen« ein. Ein Aufschlag auf die Kinokarten sollte den Theatern zugute kommen. Trotzdem mußten etliche Häuser zusperren; Bürgertheater, Stadttheater und Scala wurden abgerissen, und aus dem schönen, kleinen Theater Die Insel wurde das Metro-Kino. Um die Insel in der Johannesgasse, einer Seitengasse der Kärntner Straße, tat es mir besonders leid. Direktor Leon Epp, der spätere Chef des Volkstheaters, machte einen ausgezeichneten Spielplan,

und er hatte herrliche Schauspieler in seinem Ensemble, Josef
Meinrad, Eva Zilcher, den liebenswerten Komiker Hans Olden.
Ich habe mir als Schauspielschülerin oft gewünscht, einmal auf
dieser Bühne zu stehen. Der Wunsch ist viele Jahre später tat-
sächlich in Erfüllung gegangen, aber ich bin wirklich nur auf
der Bühne gestanden und habe mich verbeugt, als nämlich der
Film »Ilona und Kurti« seine Wiener Erstaufführung im Metro-
Kino feierte, dem ehemaligen Theater Die Insel.

J *wie Jungk*

Robert Jungk, Schriftsteller, Atomkraftgegner, engagierter
Grüner und zuletzt noch Präsidentschaftskandidat. Er ist noch
sehr lebendig in meiner Erinnerung, er und seine Frau Ruth,
die Gefährtin seit Emigrationszeiten, die einst in Paris eine
bildschöne Muse in den Exilantencafés gewesen war.

Das Ehepaar Jungk, das ich später in Salzburg viel besser
kennenlernen sollte, war, zusammen mit dem deutschen Schriftsteller Horst Budjuhn, dessen Theaterstück »Die zwölf Ge-
schworenen« damals über alle Bühnen ging, und dem exzen-
trischen österreichischen Dichter Alexander Lernet-Holenia, in
unserer Vorstellung gewesen. Nach dem Theater saßen wir in
dem beliebten Restaurant Zur Linde in der Rotenturmstraße.
Wie so oft war ich ein guter Zuhörer, habe mich aber selten
selber am Gespräch beteiligt. »Sie sollten nach München gehen«, sagte Horst Budjuhn an diesem Abend zu mir. »Ja«,
meinte Robert Jungk. »Wien ist immer ein guter Boden für
Subkultur gewesen. Um in die Hochkultur aufzusteigen, muß
man weggehen aus Wien.«

Und das tat ich bald darauf auch.

K *wie Kunststoff*

»Der nächste Frühling wird wahrscheinlich schon aus Kunststoff sein ...« hat Peter Wehle in einem elegischen Liedchen gesungen, »... weil die Natur man heut' so gern ersetzt ...« Aber der Ersatz für die Natur hat uns damals sehr glücklich gemacht. Mit den Nylons hatte es angefangen, den »Unzerreißbaren«, wie es hieß. Nun kamen Perlon-Hemden auf den Markt, die man nicht bügeln mußte.

»Abends waschen, der Schmutz läuft herunter wie von einem Porzellanteller«, verhieß die Werbung. »Aufhängen und in der Früh wieder anziehen!« Das klang sehr praktisch, hatte allerdings den Transpirationsfaktor zehn.

Dann gab es auch noch ein Material, aus dem man Blusen und leichte Kleidchen geschneidert hat. Das sah aus, als hätte es lauter kleine Warzen, natürlich war es auch bügelfrei. Wenn ich mich recht erinnere, hieß es »Everglace«. Es war scheußlich und verschwand bald wieder.

Kunststoff-Tüll brauchten wir alle, sonst wären die Petticoats nicht abgestanden wie bei einer Teepuppe. Die Modeschöpfer und Konfektionäre in den USA waren die ersten, die »Synthetics« verarbeitet haben. Rayon vor allem und Rayonverbindungen, die Nachkriegswunderfasern ergaben die Stoffe, aus denen die großen, duftigen Abendkleider genäht wurden, möglichst bonbonfarben, das gehörte dazu.

Plastik war chic – Plastik-Stoffe, Plastik-Vorhänge, Plastik-Sitze, Plastik-Spielzeug, Plastik-Schalen, Plastik-Becher, Plastik-Eimer.

»Kunststoffe sind Wegwerfprodukte«, hat man stolz gesagt. Nach den langen schlechten Zeiten fand man es ganz toll, daß man etwas, das man nicht mehr braucht, einfach in den Mülleimer wirft. Was weiter damit geschah, daran dachte keiner. Recycling und Entsorgung waren noch Fremdwörter für uns.

Im Text von Peter Wehle hieß es weiter:

... dann wird die Luft erfüllt von einem neuen Dunststoff sein,
der mittels Spray die Plastikblumen netzt.
Das erste Vogelgezwitscher bekommen wir dann vom
                                        Tonbandgerät,
und stört es, dann wird's halt auf leise gedreht.
Der nächste Frühling wird wahrscheinlich ganz aus Kunststoff
                                                 sein,
wird ein Geschäft von riesigem Format,
nur ein verrückter Dichter wird sich denken – schad'.

L *wie London*

Wie es zu meiner ersten London-Reise gekommen ist, habe ich ja schon erzählt: »Fledermaus« – Schallplattenaufnahmen mit Herbert von Karajan. Die Besetzung konnte sich sehen, oder besser, hören lassen:

Gabriel von Eisenstein, Rentier .... *Nicolai Gedda, Tenor*

Rosalinde, seine Frau .... *Elisabeth Schwarzkopf, Sopran*

Adele, Kammermädchen Rosalindes .... *Rita Streich, Sopran*

Ida, ihre Schwester .... *Luise Martini, Sopran* [!]

Alfred, Sänger .... *Helmut Krebs, Tenor*

Frank, Gefängnisdirektor .... *Karl Dönch, Bariton*

Falke, Notar .... *Erich Kunz, Bariton*

Prinz Orlofsky .... *Rudolf Christ, Tenor*

Blind, Advokat .... *Erich Majkut, Tenor*

Frosch, Gerichtsdiener .... *Franz Böheim, Bariton*

Philharmonia Orchester, London
Dirigent: Herbert von Karajan
Produktion: Walter Legge

Engagiert hatte man ein Fräulein Louise Martini, auf der Plattenhülle fand ich wieder einmal eine *Luise*, und die war Sopran! Im Katalog der »Columbia« wurde ich viele Jahre lang als Sopran geführt, allerdings stand immer in Klammern dabei: *Speaking part*. Als diese preisgekrönte Karajan-Produktion Jahre später neu aufgelegt wurde, fand ich plötzlich mein »O« wieder. Danke!

Im April 1955 flog ich mit der BEA nach London. Das war ein Erlebnis! Ich weiß heute noch, wie ich gekleidet war, elegant natürlich, hellgrün! Auf dem Londoner Flughafen wurde ich von Mister Legges Sekretärin abgeholt und in einem großen, altmodischen Daimler in mein Hotel in der Half Moon Street beim Green Park gebracht, nur zum Frischmachen, wie es hieß, denn wir sollten gleich weiterfahren, in den noblen Stadtteil Hampstead, wo Elisabeth Schwarzkopf und ihr Mann, Mr. Legge, residierten. Dort angekommen, reichte mich die Sekretärin an ein hübsches Hausmädchen in einem Salzburger Dirndl weiter, das für mich die Tür zum Musiksalon öffnete. Keine sprach ein Wort, auch mir wurde mit dem Zeigefinger auf den Lippen bedeutet, still zu sein. Das Musikzimmer, nein, es war wirklich ein »Salon«, der größte, den ich bis dahin gesehen hatte, war erfüllt von Musik, Walzer von Johann Strauß, »Wiener Blut«! Meine verehrte Elisabeth Schwarzkopf, Mr. Legge, Erich Kunz, Karl Dönch und der Maestro, Herbert von Karajan, hörten ihre letzte gemeinsame Produktion ab.

Am nächsten Morgen begannen die Musikproben. Da würde ich frei sein, denn die »Ida« ist ja eine Sprechrolle, ich würde durch die unbekannte große Stadt flanieren, London erobern, sehen, was in den vielen Theatern gespielt wurde – dachte ich. Aber nein, auf der Disposition für den ersten Produktionstag »Fledermaus« stand auch der Name Martini, ebenso auf dem Plan für den zweiten und dritten Tag, und es wurden überhaupt keine Dialoge aufgenommen, nur Musik. Endlich fand ich den Mut, den Meister persönlich zu fragen, wieso ich denn für den nächsten Tag aufgeschrieben sei; ich sei doch gar keine Sängerin. Karajan schaute mich lang an und sagte dann halblaut, wie es seine Art war, mit etwas angerauhter, aber nicht unangenehmer Stimme: »Sie sollen ja auch nicht singen, Sie sollen nur dasein.« Erich Kunz, der immer zu Späßen aufgelegte, liebenswerte Kammersänger, der zufällig Zeuge unseres kurzen Gesprächs wurde, nahm mich beiseite und sagte: »Louiserl, schad', daß du keine Sängerin bist, deine Karriere wäre gesichert. Der ›Intermei‹ hat sein stahlblaues Auge auf dich geworfen!« »Intermei« war ein damals beliebter Spitzname für den *inter*nationalen *Mei*ster.

Es fand sich aber doch noch genug Zeit für Sightseeing, Einkaufsbummel und für Theaterbesuche. Ich bin aber auch gern im Aufnahmestudio gewesen und habe die Opernstars beobachtet, wie diszipliniert sie waren, wie selbstkritisch, und wie humorvoll sie sein konnten. So war Elisabeth Schwarzkopf sofort dabei, als es darum ging, einen Böse-Buben-Streich auszuhecken. Das Opfer sollte Franz Böheim sein, der Darsteller des Gerichtsdieners Frosch, ein wunderbarer Komiker und ein sehr lieber Kollege aus Wien. Böheim wurde, wie wir alle, von der Sekretärin am Flugplatz abgeholt und bekam von ihr seinen Text ausgehändigt. Nur – seiner war ins Englische übersetzt worden. Franzi kam ins Hotel, wo die »bösen Buben« Kunz und Dönch ihn schon erwarteten. Böheim, in höchster Erregung: »Des is ja – Englisch!!!« Darauf Kunz seelenruhig: »Was glaubst du, warum wir in London sind? Wenn sie's hätten deutsch aufnehmen wollen, dann hätten sie's ja gleich in den Wiener Sophiensälen machen können!« Dönch beruhigte ihn, er selber könne ja auch nicht gut Englisch, aber die Louise habe die Sätze mit ihm durchgesprochen, und so gehe es einigermaßen. Der liebe, gutmütige Franzi Böheim schwitzte noch ein Weilchen Blut, bis Elisabeth Schwarzkopf lachend zur Tür hereinkam und sagte: »Na, weiß er's schon?«

Streiche unter Kollegen waren damals nichts Ungewöhnliches,

und meist wurden sie mit ein paar Gläschen wiedergutgemacht.
So auch damals in London.

M *wie Merz*

Carl Merz, der »Cari«, war ein *Herr*, ein geistreicher, kultivierter, disziplinierter Kollege, das heißt, ein »Kollege« im üblichen Sinn war er für mich gar nicht, obwohl wir fünf Jahre miteinander Kabarett gespielt haben. Der »Cari« war eine Respektsperson, und nicht nur, weil er wesentlich älter war. Er hat oft die Wogen geglättet, die sich zwischen Gerhard Bronner und Helmut Qualtinger aufgeschaukelt haben. Ich habe seine Diktion noch ganz genau im Ohr, dieses spöttisch-charmante Siebenbürgener Deutsch.

Daß er ein hervorragender Autor gewesen ist, muß ich nicht betonen. Wenn ich Kabarettnummern und Satiren lese, die er zusammen mit dem Qualtinger geschrieben hat, dann spüre ich heute noch ziemlich genau, was vom Merz und was vom Qualtinger war. Wenn sie miteinander geschrieben haben, ist Qualtinger immer auf und ab gegangen und hat seiner reichen Phantasie freien Lauf gelassen, während Merz notiert und geordnet hat. So muß es bei den Zeitungskolumnen gewesen sein, bei den Kabarettnummern und auch beim »Herrn Karl«.

Der »Cari« war immer sorgfältig gekleidet, er fuhr eine elegante italienische Limousine, zu einer Zeit, als ich gerade den ersten VW abstotterte. Er fuhr, was eigentlich gar nicht zu dem versponnenen »Cari« paßte, sehr gut Auto. Ich habe als Autoanfängerin ein paar Tricks von ihm gelernt, die mir kein Fahrlehrer beigebracht hat.

Er hat großbürgerlich gewohnt, im ersten Bezirk. Er war kein sehr geselliger Mensch, er ist auch nur ganz selten mit uns nach der Vorstellung zusammengesessen.

Er hat oft von Selbstmord geredet, aber auf eine so schrullige Art, daß wir das nie ernst genommen haben. Aber eines Tages hat er Ernst gemacht. Er starb durch Selbstmord.

N *wie Nachwuchs*

Wenn du »Nachwuchs« bist, steht dir die Welt offen, glaubst du wenigstens. Du gehst ins Theater und übst erbarmungslos Kritik an den etablierten Kollegen, weil du natürlich alles besser weißt und kannst – meinst du. Vielleicht bekommst du sogar eine Nachwuchsförderung, einen Nachwuchspreis – sehr gefährlich, weil du dann die Nase möglicherweise noch ein Stückchen höher trägst.

Wenn du »Nachwuchs« bist, hast du es manchmal auch mit gar nicht sehr netten älteren Kollegen zu tun, die dir mit der Handfläche, als würden sie dich liebkosen, das Gesicht von der Kamera wegdrehen, die dich im Filmatelier auf falsche Markierungen führen, wo du garantiert kein Licht hast, die dir auf der Bühne eine nette kleine Pointe, die dir immer einen Lacher eingebracht hat, geschickt zerstören, indem sie just an dieser Stelle husten müssen oder ein Glas umwerfen. Wie schlimm muß es für manche gewesen sein, daß ich jung war.

Wenn du »Nachwuchs« bist, kann es dir auch passieren, daß ein älterer Kollege dir in dem Augenblick, in dem du auftreten mußt, von hinten unter den Rock faßt, und du hast keine Zeit, dich umzudrehen und dem Schwein eine ordentliche Ohrfeige zu verpassen.

Nachwuchs ist man oft sehr lang, bis man mit einem Mal reif und etabliert ist, auf der anderen Seite also. Lieber Gott, laß mich nie so werden wie die, deren Namen ich hier nicht genannt habe! Ich glaube, ich habe immer ein gutes Verhältnis zu den Jungen im Theater, im Fernsehatelier, im Rundfunk gehabt.

Ein schönes, eigentlich sehr ungezogenes Kompliment hat mir einmal eine junge Kollegin am Münchner Residenztheater gemacht:»So wie du möcht' ich einmal werden, wenn ich alt bin.«

O wie O für Louise

Manchmal war ich traurig, wenn ich mein O wieder einmal vermißt habe, zum Beispiel, als der Maler Kurt Moldovan mir ein schönes Bild schenkte und es der *Luise* gewidmet hat, oder wenn ich einen Fernsehfilm gemacht habe, auf den ich stolz war, und im Nachspann hatten sie mir wieder einmal mein O gestohlen.

Für die Beharrlichkeit, mit der ich immer wieder auf diesem O bestand, bin ich oft verspottet worden, sie hat mir aber auch lustige Geschenke eingebracht. Ich habe Os in Zuckerguß auf Torten bekommen, aus Brezenteig gebacken, Os in allen Farben in einem Brief, der sonst mit schlichter dunkelblauer Tinte geschrieben war. Irgendwo muß auch noch das Küchendeckchen mit dem O in Kreuzstichstickerei herumliegen.

Mein liebstes O ist das »O für Louise«, das bei mir zu Hause an der Wand hängt. Es ist von dem Salzburger Künstler Rüdiger Fahrner. Eine üppige Primadonna, kollagiert aus dem Sitzplan des Festspielhauses, über den er den Kopf einer Sängerin gemalt hat, die den Mund weit aufsperrt. Vielleicht singt sie gerade ein hohes B – für den Maler war es: »Ein O für Louise«.

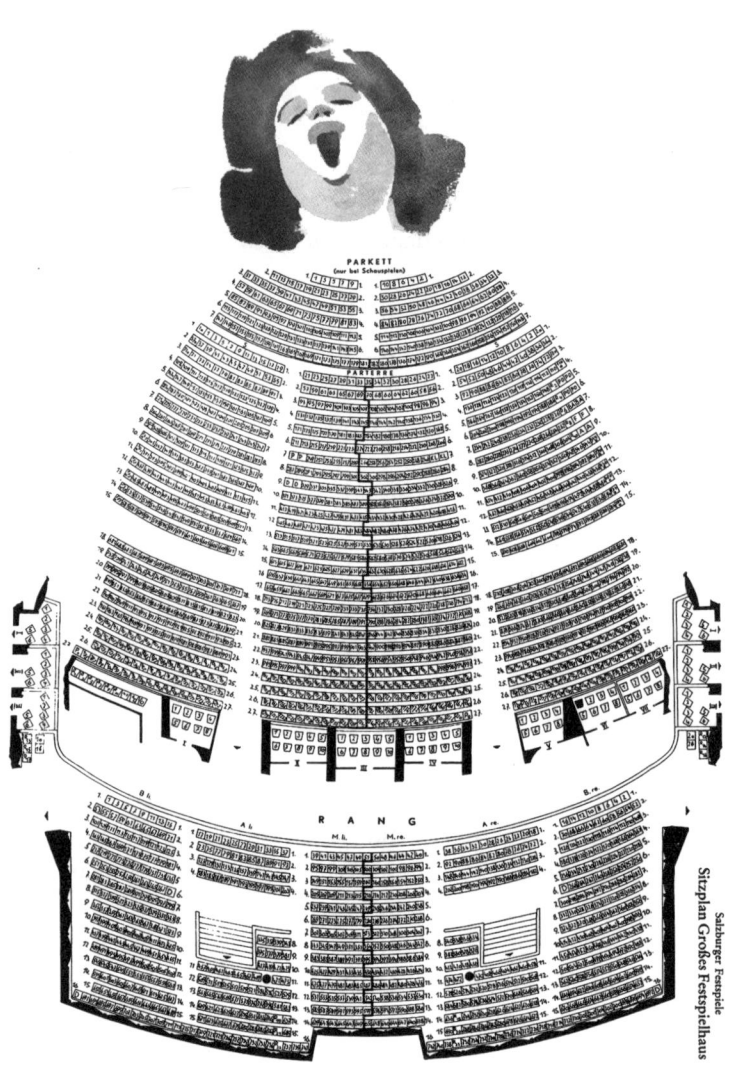

Salzburger Festspiele
Sitzplan Großes Festspielhaus

Ein O für Louise

Collage von Rüdiger Fahrner mit
Widmung (Faksimile, vergrößert)

P wie Preise, Preiser

Ich habe Ihnen erzählt, daß 1950 – als ich Anfängerin war – ein Straßenbahnfahrschein einen Schilling gekostet hat. Am Ende des Jahrzehnts war der Preis schon auf mehr als das Doppelte geklettert.

Ziemlich konstant blieb dagegen der Benzinpreis, drei Schilling für einen Liter.

1955 hat die billigste Zigarette, die Austria 3, achtzehn Groschen gekostet. Die Amizigaretten-Währung war lang vorbei.

Eine Kinokarte kostete vier Schilling. Um dieses Geld konnte man im Theater in der Josefstadt ein Plätzchen oben im dritten Rang, Seite, ergattern. Wollte man feudal ganz vorn, Orchesterfauteuil, erste Reihe, sitzen, mußte man fünfzig Schilling hinblättern, und das war sehr viel Geld.

Wenn einer seine Neugierde in dem neuen Medium befriedigen wollte, dann mußte er schon sehr betucht sein. Ein Fernsehapparat war nicht unter sechstausend Schilling zu haben. Das war mehr als fünfmal soviel, wie man für einen Herrenanzug hinblättern mußte. (Die Fernsehgebühr machte im Monat fünfzig Schilling aus, die Radiogebühr sieben Schilling.)

Wenn der elegante Herr von Naßrasur auf »elektrisch« umsteigen wollte, was in der Werbung sehr gepriesen wurde, dann kostete der Spaß etwa fünfhundert Schilling (aber sicher mit Doppelscherkopf!).

Vergessen wir die Genußmittel nicht: 1955 zahlte man für einen halben Liter Bier zirka zwei Schilling dreißig, für einen Liter Wein im Durchschnitt sechzehn Schilling, für ein Kilo Bohnenkaffee fast hundert Schilling.

Eine Tageszeitung war für weniger als einen Schilling zu haben, ein Taschenbuch für etwa zehn Schilling. Schallplatten kosteten knapp hundert Schilling. Und das ist gleich eine Überleitung von *Preis* zu *Preiser*.

Preiser gehört unbedingt auch ins Zeitbild der fünfziger Jahre.

Preiser ist keineswegs eine von mir erfundene Steigerungsform von Preis: ich meine *Preiser*-Records.

Otto G. Preiser, der ursprünglich Textilhändler war, hatte aus Liebe zur Musik bald nach dem Krieg eine Schallplattenfirma gegründet, die zunächst Symphonien, Opern und Oratorien mit noch wenig bekannten Sängern produzierte, Lisa della Casa war darunter, George London und auch der junge Walter Berry. Das wäre für uns noch nicht unbedingt erwähnenswert. Aber Otto Preiser verdanken wir auch die Produktion von »Kabarett aus Wien«. In dieser Serie sind die herrlichen Aufnahmen mit Helmut Qualtinger, mit Karl Farkas, mit Ernst Waldbrunn, mit Kurt Sowinetz konserviert, mein »Covergirl« und das »Chesterfield«-Chanson und fast alle Nummern aus unserem Kabarett von damals. Qualtingers »Herr Karl«, seine Karl-Kraus-Lesungen, die »Schwarzen Lieder«, aber auch das »Wiener Bezirksgericht« von Günther Fritsch. Etliche Preiser-Produktionen wurden mit dem »Preis der deutschen Schallplattenkritik« ausgezeichnet.

Vor nicht allzu langer Zeit hat man die alten Langspielplatten verramscht, aber die wichtigen Aufnahmen sind als CDs im Handel.

Q *wie Qualtinger-Freunde*

Wenn man die Nachrufe liest, die nach seinem Tod erschienen sind, dann möchte man meinen, er hätte unzählige gehabt, besonders solche, die immer vom »Quasi« geredet haben und die behaupteten, seine besten Freunde gewesen zu sein. Für die wirklichen war er der Helmut oder einfach der Qualtinger. H. C. Artmann kannte ihn seit den frühen fünfziger Jahren und schätzte ihn sehr. »Für viele war er immer der *Herr Karl*«, hat Artmann gesagt,»aber das war er nicht: Er war ein völlig anderer Mensch. Er ist ein König gewesen für mich.« – Für den *Karl* hätte man Qualtinger am liebsten ausgewiesen. H. C. Artmann ist es nicht viel besser ergangen, als sein Buch »med ana schwoazzn dintn« herausgekommen ist. Wer hätte damals gedacht, daß dem Dichter viele Jahre später der Georg-Büchner-Preis, die angesehenste Auszeichnung der deutschsprachigen Literatur, verliehen werden würde. Dazu mußte er allerdings siebzig Jahre alt werden. Zu seinem fünfzigsten Geburtstag hat man ihn wenigstens in den deutschen Rundfunkanstalten mit ein paar Hörspielaufnahmen geehrt. Artmann konnte das Geld sicher gut brauchen.

Der Südfunk in Stuttgart schickte mir damals ein Manuskript nach München, ich las den Titel und mußte schmunzeln. Ob die beim Sender das auch verstanden hatten? Ich reiste zur Aufnahme nach Stuttgart. Keiner im Studio sagte etwas zum Titel des kleinen Artmann-Werkes. Schließlich habe ich es nicht mehr ausgehalten und gefragt:»Wißt ihr denn, was das heißt?« Stummes Kopfschütteln. Das Hörspiel hieß in echter Artmann-Manier»Erlauben't Schas, sehr heiß bitte« und spielte in einem alten Kaffeehaus. Ich war die Sitzkassierin, die die Bestellungen aufnimmt und weitergibt. Der Kellner schwirrt immer vorbei und ruft ihr etwas undeutlich die Wünsche der Gäste zu, so auch, wenn er Kaffee meint:»Ein Schas, sehr heiß bitte!«

Es könnte ja möglich sein, daß es unter meinen Lesern auch welche gibt, die den von H. C. Artmann geadelten Ausdruck nicht kennen. Der Duden gibt Auskunft:»Schas, der, *(mundartl. bayr., österr. derb)*: hörbar entweichende Blähung.« Im Wörterbuch der deutschen Sprache der Brüder Jakob und Wilhelm Grimm werden dem *Furz* gar eineinhalb Seiten gewidmet. Vornehme Menschen verwenden freilich die lateinische Bezeichnung *flatus*.

Wenn in Deutschland Fernseh- oder Hörspiele wiederholt werden, so bekommt man, im Gegensatz zu Österreich, dafür

Honorar. Das Artmann-Hörspiel ist oft gesendet worden, und immer wieder mußte ich lächeln, wenn ich eine Gagenanweisung bekommen habe, auf der als Titel kurz »Erlaubt Schas« stand. Und ich bin sicher, daß in der Honorarabteilung in Stuttgart bis heute niemand weiß, was das bedeuten soll. Eine schöne Artmann-Geschichte, die genausogut eine vom Qualtinger sein könnte.

R wie *Reinhardt-Seminar*

Ich wollte zum Theater gehen, das stand für mich fest, nur meine Eltern hatten noch keine Ahnung davon. Zwei Burschen, die ich von einer Spielgruppe des Theaters der Jugend her kannte, beschlossen, die Aufnahmeprüfung im Reinhardt-Seminar zu machen. »Da komme ich mit«, sagte ich, hatte aber nicht bedacht, daß die beiden eben das Gymnasium abgeschlossen und ihre Matura gemacht hatten und daß vor mir noch das letzte Schuljahr lag. Ich war noch nicht siebzehn, und um mich an der Staatsakademie für Musik und darstellende Kunst bewerben zu können, brauchte ich die Unterschrift meiner Eltern. Volljährig wurde man damals mit einundzwanzig Jahren. Sehr problematisch. Die Unterschrift fälschen wollte ich auf diesem wichtigen Formular nun doch nicht. Ich hatte es zwar schon auf ein paar unbedeutenden Schularbeiten ausprobiert, und es war ganz gut gegangen. Aber wenn das hier aufflog ... Ich trat also vor meine Eltern hin und teilte ihnen meinen Entschluß mit: Reinhardt-Seminar! Und ich beruhigte sie gleich, wahrscheinlich würde ich sowieso durchfallen und könnte die Prüfung dann im nächsten Jahr wiederholen. Das Klima zu Hause war eisig, meine Eltern hatten keinerlei Sympathien für den brotlosen Schauspielerberuf. Er sei auch nicht seriös, und überhaupt sollte ich erst einmal meine Matura machen.

... voller Ehrfurcht vor dem schönen, alten Schloßtheater, wo einst Mozart vor dem kaiserlichen Hof gespielt und Napoleon aus seiner Loge den Schauspielern zugesehen hatte ...
Beim Einsteigen ins Palais Cumberland,
den Sitz des Reinhardt-Seminars (1948)

Schließlich zog ich aber doch mit dem unterschriebenen Formular los, nach Schönbrunn, voller Ehrfurcht vor dem schönen, alten Schloßtheater, wo einst Mozart vor dem kaiserlichen Hof gespielt und Napoleon aus seiner Loge den Schauspielern zugesehen hatte und wo ich nun zur Prüfung antreten sollte. Ich sprach vor, kam nach dem ersten Durchgang in die engere Wahl und schaffte auch die Endausscheidung. Ebenso die beiden jungen Männer, mit denen ich gekommen war, Hans Christian und Otto Schenk. Die hatten's gut, die hatten ja keine Schulprobleme mehr.

Ich versuchte es erst einmal mit einer Art »Teilzeitunterricht«, vormittags Schule, nachmittags Reinhardt-Seminar. Das hat nicht funktioniert, also blieb ich dem Mädchenrealgymnasium Wien 8, Lange Gasse, fern, unentschuldigt. Nach ein paar Wochen erhielten meine Eltern einen kleinen blauen Brief mit der dringenden Anfrage, wo denn ihre Tochter geblieben sei. Nun war die Katastrophe eingetreten, meine Mutter wurde massiv, ich hochdramatisch. So oder ähnlich liest man das oft in bunten Blättern, aber das war keine Story im »Grünen Blatt«, das war bitterer Ernst. Der rettende Engel erschien in Gestalt meines Schuldirektors, der meiner Mutter vorschlug, ich könnte die letzte Klasse als »Privatistin« machen. »Privatisten«, das sind wohl Kinder reicher Eltern, die in prachtvollen schloßartigen Villen leben und von wunderschönen Hauslehrern unterrichtet werden, dachte ich. Wie das bei mir gehen würde? Es ging. Ich habe im Jahr darauf meinen besorgten Eltern ein Maturazeugnis geliefert, zwar nicht mit glanzvollen Zensuren, aber nach einem Notendurchschnitt bin ich nie gefragt worden. Ich habe das Zeugnis auch nie mehr gebraucht.

Ich hatte jetzt schon zwei Semester Reinhardt-Seminar hinter mir, mit viel Freude an der Ausbildung, aber auch weniger schönen Erfahrungen. Ich mußte zum Beispiel für jede dumme kleine Schulfunksendung eine schriftliche Genehmigung von der Direktion einholen. Die bekam ich zwar immer, aber es gab Lehrer, die mich vor allen meinen Kollegen aufriefen und mich fragten, wie ich es denn wagen könnte, an Max Reinhardts Statuten zu rütteln, die besagten, daß man während der Ausbildung keiner anderen Tätigkeit nachgehen dürfe.

Max Reinhardt sprach gern vom »heiligen Feuer«, das in uns angefacht werden müsse, aber ohne »Kohle« kein Feuer!

Ein paar Jahre später durften einige Studenten schon im ersten Studienjahr ihren ersten Film drehen, aber das waren Kinder berühmter Eltern ... Ich erinnere mich an ein Kabarettprogramm, das wir am Ende eines Schuljahres gespielt haben. Da saßen drei von uns recht deprimiert auf der Treppe und klagten: »Aus dem Ausland müßte man sein!« – »Oder einen reichen Vater haben!« – »Oder einen berühmten Vater ...«

Die schönen Erinnerungen: an das Palais Cumberland gegenüber dem Schloß Schönbrunn, in dem wir unterrichtet wurden, und an einige wunderbare Lehrer – Alfred Neugebauer, Fred Liewehr, Zdenko Kestranek, der Stimmbildner, Elena Polewitzkaja.

Frau Polewitzkaja kam aus der Schule des großen russischen Theatermannes Stanislawskij, ihr Lehrfach hieß »stumme Szenen« und machte uns viel Spaß. Also: Man bekommt zum Beispiel die Aufgabe, ein Kind darzustellen, das allein auf einer Sommerwiese sitzt, alles um sich herum wahrnimmt, darauf reagiert, bis es schließlich die Mutter sieht und auf sie zuläuft. Oder: Ein Betrunkener kommt nach Hause und kann den Haustorschlüssel nicht finden. Kein gesprochenes Wort ist erlaubt und keine Requisiten. Man lernt so, genau zu beobachten. »Method acting«, das in dem berühmten New Yorker *Actor's Studio* unterrichtet wird, basiert auf einem ganz ähnlichen Prinzip.

Diese Methoden können natürlich auch Blüten treiben. Da sagte einmal ein Regisseur zu einem Schauspieler auf der Probe: »Du mußt das spielen wie Erdbeere mit Auge.« Große Ratlosigkeit. Am nächsten Tag war der Regisseur schon recht zufrieden, meinte aber: »Jetzt laß Auge weg, spiel nur noch Erdbeere.«

Aber zurück zur Reinhardt-Seminar-Zeit. Wir waren kein schlechter Jahrgang: Lotte Ledl, Johanna Matz, Rudolf Melichar, Luzie Neudecker, Otto Schenk, Maria Urban, Walter Langer, Annemarie Düringer, Kurt Jaggberg ... Ein besonders lieber Kollege war der schmale, schüchterne Walter Breuer, ein Sohn des berühmten Filmschauspielers Siegfried Breuer. Er war durchaus kein protegiertes »Prominentenkind«. Walter hat später ein paar Filmrollen gespielt, er war sogar Partner von Romy Schneider in »Die Deutschmeister«. Als es aber mit der Karriere nicht so recht weitergehen wollte, hat er sich der Organisation hinter der Kamera zugewendet und wurde Produktionsleiter beim Bayerischen Fernsehen. Seine beiden Söhne, Jacques und Pascal, sind heute erfolgreiche Schauspieler in Deutschland. »Was willst du«, hat Walter einmal mit einem Schmunzeln gesagt. »Das Talent hat halt eine Generation übersprungen!«

Wenn man in dem Schülerverzeichnis des Reinhardt-Seminars, beginnend mit dem ersten Studienjahr 1928/29 blättert, dann liest sich das wie ein »Who's who« der deutschsprachigen Theater-, Film- und Fernsehlandschaft. Aus vielen ist etwas geworden, berühmte Theaterleiter, auch Burgtheaterdirektoren, prominente Regisseure, erfolgreiche Schriftsteller, Bühnenbildner, Filmstars ...!

Max Reinhardt könnte im großen und ganzen wohl zufrieden sein.

S wie Sankt Pölten

Sankt Pölten, heute die aufstrebende Hauptstadt des Bundeslandes Niederösterreich, mit eigenem Festspielhaus und großen künstlerischen Ambitionen, war in den fünfziger Jahren eine liebenswert-verschlafene kleine Stadt, die für manchen Witz herhalten mußte. Aber: Sankt Pölten hatte ein Dreispartentheater, das heißt, auf dem Spielplan standen Schauspiel, Operette und – Oper.

Das Haus hat eine lange, wechselvolle Geschichte. 1820 hatten sich theaterbegeisterte Sankt Pöltner zusammengetan und emsig Geld gesammelt, bei Beamten und Generälen, bei kirchlichen Würdenträgern und begüterten Bürgern. Sie wollten für ihre Stadt ein eigenes Theater errichten lassen.

Wer ist seit damals nicht alles auf den Brettern dieser Bühne gestanden! Alexander Girardi und Max Pallenberg ebenso wie die großen Burgtheaterhelden und -heroinen von Josef Lewinsky bis Hugo Thimig, Otto Tressler, Raoul Aslan und Albin Skoda, Adele Sandrock und Hedwig Bleibtreu. Paula Wessely gastierte einst in St. Pölten, ebenso Oskar Werner.

In den fünfziger Jahren war Josef Knappl Direktor des Hauses, und er muß seine Sache gut gemacht haben, denn er blieb es achtzehn Jahre lang. Josef Knappl war ein Original. Von ihm und seiner Geschäftstüchtigkeit erzählte man sich die herrlichsten Geschichten. Im Fasching soll er oft die besten Stücke aus dem Fundus verliehen haben, ohne darauf zu achten, daß das eine oder andere Kostüm am nächsten Tag auf der Bühne gebraucht wurde. Fragen Sie nicht, in welchem Zustand die feinen Kleider oft zurückkamen. Hübschen jungen Schauspielerinnen soll er geraten haben, sich immer zur linken Loge hin zu verbeugen, denn »dort sitzt ein guter Gast«.

Meine Lieblingsgeschichte über Knappl ist folgende: Eine junge amerikanische Sopranistin kam zum Vorsingen. Die Stimme gefiel dem Chef, und er bat die Sopranistin zur Gagenverhandlung in sein Büro. Nun stellte sich heraus, daß die Sängerin zwar deutsche Texte gesungen, diese aber nur phonetisch gelernt hatte. Gesprochen und verstanden hat sie äußerst wenig. Knappl bot ihr zweitausend Schilling Gage monatlich an. Sie zögerte, wußte nicht recht, was sie darauf antworten sollte, auch nicht, als er »two thousand« sagte, in einem Ton, als wäre das ein Millionen-Dollar-Angebot. Da griff Knappl zum Telephon und rief seine Sekretärin Elfie in sein Büro. Er gab Elfie großzügig eine Zwanzig-Schilling-Note und schickte sie hinunter ins Gasthaus, mit dem Auftrag, zwei Grießnockerlsuppen, zwei Wiener Schnitzel mit Erdäpfelsalat, zwei Sachertorten, zwei Seidel Bier und zwei Mokka zu holen. Elfie, die ihren Chef gut kannte, verschwand, um alsbald mit den beiden Menüs wiederzukommen. Das Wechselgeld, das sie von den zwanzig Schilling mitbrachte, soll Knappl ihr großzügig für den Weg gegeben haben.

Die hoffnungsvolle Operndebütantin staunte nicht schlecht über die anscheinend ganz exorbitante Kaufkraft des österreichischen Schillings und setzte nach dem Mahl ihre Unterschrift unter den Vertrag.

T *wie Tingeln*

Tingeln ist ein Wort, das jeder Schauspieler kennt. Wenn Sie, verehrte Leser, dabei an Tingeltangel denken, ist das gar nicht so falsch. Der Duden gibt Auskunft: *Tingeln*, rückgebildet aus Tingeltangel; wenn Künstler, Schauspieler, Akteure im Schaugeschäft abwechselnd an verschiedenen Orten bei (künstlerisch anspruchslosen) Veranstaltungen auftreten. Dieses »künstlerisch anspruchslos« finde ich nicht sehr nett vom Duden. Wenn ich an meine erste Tingelei denke ... die hatte einen so hohen künstlerischen Anspruch, daß keiner uns sehen wollte.

Es war in meinem ersten Theaterjahr. Wir spielten im Konzerthaus-Theater mit viel Talent und Ambition, aber so gut wie ohne Gage. Eines Tages überraschte uns ein Kollege mit einem Angebot, als hätte er für jeden von uns einen dicken Filmvertrag in der Tasche: »Wir können bei der Krampusfeier

des Kriegsopferverbandes in Wiener Neustadt ein Mitternachts-
kabarett machen. Für jeden sind sechzig Schilling drin.«
Ein komplettes Programm wurde neu einstudiert, Sketches,
Chansons und ein mehrstimmiges Eröffnungslied – wie es damals im Kabarett eben üblich war. Etwa eine Stunde sollte es
dauern.

Einer von uns hatte in einem amerikanischen Film eine unglaublich komische Szene gesehen, in der ein Mann mit einer
Telephonnummer in New York, gleich um die Ecke, verbunden
werden möchte, aber er bekommt Australien, Südamerika und
Hawaii, nur nicht die gewünschte Nummer in der nächsten
Straße. Aus lauter Verzweiflung ißt er am Schluß der Szene
den Telephonhörer auf. Im Kino hatten sich die Leute vor
Lachen gebogen. Eine Mutter machte sich erbötig, einen Telephonhörer zu backen und mit Schokoladeglasur zu überziehen.

Der Tag des Krampusfestes kam, wir fuhren nach Wiener
Neustadt, auf einem offenen Laster. Es war Anfang Dezember
und recht kalt, aber die Bahnfahrt wäre viel teurer gewesen.
Mit Sack und Pack, Kostümen und Requisiten traf die sechs-
köpfige Künstlertruppe an Ort und Stelle ein. Ein heißer Tee
hätte uns gutgetan. »Gibt es nicht«, sagte der Veranstalter, ein
Paar Würstel und ein Bier stünden jedem zu. Aber das mußten
wir an der Schank im Stehen verzehren, in den Saal konnten
wir erst um Mitternacht. Aus dem Festsaal dröhnte Schlager-
musik, ab und zu kam eine schwankende Gestalt heraus. Es
wollte nicht zwölf Uhr werden. Endlich, endlich durften wir
auf die Bühne, auf der bis dahin die Hmtata-Kapelle gespielt
hatte. Wir nahmen Aufstellung, sangen unser mehrstimmiges
Auftrittslied, begleitet von wohleinstudierten Gesten. Keine
Reaktion von unten. Jetzt erst fiel mir auf, daß der Zuschauerraum gar keiner war, das heißt, da unten gab es keine Sitzreihen,
keine Stühle. Ein paar Mitglieder des Vereines standen verloren
auf dem Parkett und wunderten sich, was da oben passierte.
Unser Programm lief weiter, sehr gekürzt, einer zischte: »Wir

springen«, die schönsten Nummern, für die wir so lang geprobt hatten, wurden gestrichen. Ich habe tapfer mein Chanson zum besten gegeben. Die einzige Reaktion von unten, vom Tanzparkett, war: »Jöh, a klasse Katz!« Der neunzehnjährigen »Katz« war nur zum Heulen zumute. Als die große Telephonszene kommen sollte, stellte sich heraus, daß der gebackene, glasierte Hörer weich geworden war.

Nach etwa zwanzig entwürdigenden Minuten verließen wir, unbedankt vom Publikum, die Bühne. Steckten jeder die sechzig Schilling ein und verließen geschlagen den Ort der Schmach.

Die Geschichte ist noch nicht zu Ende. Der Lastwagenfahrer, der uns wieder nach Wien mitnehmen sollte, war ohne uns abgefahren. Zug ging auch keiner mehr, der Bahnhof war geschlossen.

Unser »Aufreißer«, der uns diese Tingelei verschafft hatte, meinte, er wisse da ein Stundenhotel, das uns vielleicht einen billigen Preis machen würde. Wahrscheinlich hatte er dort gute Beziehungen, wir durften tatsächlich zu sechst in einem schäbigen Zimmerchen auf den ersten Zug warten.

Das ist meine Erinnerung, wenn ich das Wort »Tingeln« höre. Traurig? – Ach, heute lacht man darüber. Ich bin sicher, fast jeder ältere Kollege kann Ihnen eine ähnliche Geschichte erzählen.

$\mathcal{U}$ *wie U-Musik*

U-Musik und E-Musik waren einst in den Funkhäusern streng getrennt, mancherorten sind sie es heute noch. *Abteilung Ernste Musik* und *Abteilung Unterhaltungsmusik* stand unübersehbar an den Türen der Büros. Die Damen und Herren, die für das Ernste zuständig waren, nahmen ihre U-Kollegen sicher auch nicht für ganz voll. Und wenn ihnen einer von denen weismachen wollte, daß Mozarts »Kleine Nachtmusik« oder die Walzer von Franz Schubert sehr unterhaltsam seien, dann blickten sie nur verächtlich auf den Frechdachs herab.

»U« und »E« sind mir manchmal vorgekommen wie zwei feindliche Brüder oder, besser, Schwestern, wie »Goldmarie« und »Pechmarie«. Damit will ich nicht behaupten, ein Komponist wäre ein *Pech*vogel, wenn er sich berufen fühlt, E-Musik zu schreiben. Er muß nur wissen, daß er nie auch nur annähernd so viel Geld verdienen wird wie sein Kollege von der U-Fakultät, nicht, weil er von der AKM oder der GEMA, den Gesellschaften der Autoren und Komponisten, übervorteilt würde, im Gegenteil. Aber »U« verkauft sich halt viel besser, ist häufiger im Radio zu hören, wird zum Schlager und oft »vergoldet«.

»Schlager ... ein Lied mit einprägsamem Kehrreim, das inhaltlich nicht selten die Grenzen sinnloser Albernheit überschreitet, wird in rein geschäftlicher Absicht, vielfach beinahe fabrikmäßig hergestellt.« So hat es einer schon in den dreißiger Jahren formuliert.

Mit »einprägsamen« Refrains und »sinnloser Albernheit«, mit Herz, Schmerz und Heimweh konnte man in den Fünfzigern viel Geld verdienen. »Warum aber dem Gück nicht noch ein bißchen nachhelfen?« sagten sich die Schlagermacher. Es fing mit kleinen Geschenken für die zuständigen »U«-Leute in den Funkhäusern an, für jene, die die Platten aussuchten. Mir hat man schon bei meinem ersten Besuch in Köln ein ziemlich deutliches Angebot gemacht. Ich hätte doch einige Schallplattensendungen bei Rot-Weiß-Rot zu betreuen, und da wäre es für mich sicher ein leichtes, das Programm der Firma X ein wenig zu forcieren; man würde sich natürlich erkenntlich zeigen. Als ich entrüstet ablehnte und meinte, ich würde nur Musik spielen, die *ich* für gut finde, hat mein Gegenüber mitleidig gelächelt und gemeint, die Kleine werde es schon noch lernen (hat sie aber nie!).

Man hat den Plattenjockeys in den deutschen Funkhäusern auch angeboten, den Text für ein »B-Seiten-Lied« zu schreiben.

Also nehmen wir an, der berühmte Schlagerstar singt auf der A-Seite der Platte ein Lied, das ein erfolgreicher Komponist und ein ebenso erprobter Texter geschrieben haben, das also die Chance hat, ein »Hit« zu werden. Auf der B-Seite kann er ruhig etwas singen, das vermutlich nicht das Zeug zum Schlager hat, es wird auf jeden Fall mit abgerechnet. »Haifischbusineß« hat man das Geschäft mit den Schnulzen bald genannt.

Es gäbe noch viele wahre Geschichten zu diesem Thema zu erzählen. Gestatten Sie mir noch eine: Sie spielt allerdings nicht mehr in den Fünfzigern, sondern ein Jahrzehnt später.

Mir war am rechten Handgelenk ein kleines Überbein entfernt worden, und ich mußte für vierzehn Tage eine Gipsmanschette tragen. In dieser Zeit wurden in Köln die Aufnahmen für die LP »Hallo Dolly« vorbereitet. Als ich im Büro der Produktionsfirma mein Notenmaterial abholte, fragte mich die Sekretärin besorgt, was denn mit meiner Hand passiert sei. Ich erklärte es ihr. »Ein Überbein«, sagte sie, »das habe ich auch. Ich war schon beim Arzt, der meinte, das käme von einer ungewohnten Betätigung. Vielleicht kommt das vom Korruptionskartenschreiben.« – »Wie meinen Sie?« Ich tat, als hätte ich sie nicht verstanden, weil ich nicht glauben wollte, was ich da gehört hatte. – »Sicher hat der Arzt recht«, meinte sie, »das kommt vom Korruptionskartenschreiben. Ich mußte doch Tausende von Karten mit verstellter Schrift schreiben, damit unser Roy Black den ›Goldenen Löwen von Luxemburg‹ bekommt.«

V *wie Verehrer*

»Kitty und die Weltkonferenz«, ein Stück mit Musik im Theater in der Josefstadt. Der Komponist war Robert Stolz. Die Besetzung konnte sich sehen lassen: Hans Holt, Chariklia Baxevanos, Klaus Löwitsch; ich habe wohl so etwas Ähnliches wie

*Ich hätte doch einige Schallplattensendungen
bei Rot-Weiß-Rot zu betreuen ...*
Ein früher Plattenjockey

eine Spionin aus Arabien gespielt. Ich erinnere mich noch dunkel an einen Chansontext, der begann: »Sagt man Öl, denkt man leider nicht an Kopfsalat ...« Genau in Erinnerung habe ich noch eine Szene nach der Vorstellung beim Bühneneingang. Dort standen jeden Abend die Autogramme sammelnden Verehrer, hauptsächlich Kinder. Wer auch herauskam, wurde um eine Unterschrift angegangen. Auch der Bühnenmeister, wenn er einen neuen Dufflecoat anhatte.

Eines Abends trat ich aus dem alten Tor, das, wie immer, von jungen Verehrern mit ihren Stammbüchern belagert war. Mitten unter ihnen stand eine erwachsene Frau, reichte mir über die Köpfe der Kinder ihr Büchl und sagte: »Frau Martini, bittschön, geben S' mir ein Autogramm, für meine Tochter, Sie wissen ja, wie blöd die Kinder sind.« Ich werde den Satz nie vergessen, auch nicht, wie ihn die junge Frau sagte, ohne auch nur einmal Atem zu holen:

Fraumartinibittschöngebensmireinautogrammfürmeinetochtersiewissenjawieblöddiekindersind.

Ich habe diese Geschichte natürlich oft und gerne erzählt. Und Jahre später ist sie zu mir zurückgekommen, wie ein alter Witz, der die Runde gemacht hat. Hansjörg Felmy erzählte sie mir, mit dem Bemerken, er hätte sie gerade in Hamburg erlebt.

W *wie Wein*

»Nein, nein, nein, nein, ich trink kein Wein« ist eine meiner Lieblingsstellen in Richard Strauss' Oper »Der Rosenkavalier«. Der als »Mariandl« verkleidete junge Kavalier wehrt die Liebkosungen des »Ochs von Lerchenau« ab, 3. Akt, Ort: Extrazimmer eines Vorstadtbeisls.

Ich werde Ihnen jetzt aber nicht den ganzen »Rosenkavalier« erzählen (der meine Lieblingsoper ist), mein Stichwort ist *Wein*. Und: Ich trink keinen – keinen Wein, auch kein Bier, keinen Schnaps, keinen noch so kleinen Schluck Sekt, nicht einmal feinsten Champagner, keinen Tropfen – vor oder während der Arbeit. Ob im Theater, im Filmatelier, im Fernseh- oder Rundfunkstudio – keinen Tropfen. Das hat sicher auch damit zu tun, daß ich in meinem Beruf einige Erfahrungen mit Partnern und Partnerinnen gemacht habe, die zu gern »ins Glaserl geschaut« haben, wie man in Wien sagt. Und ich meine hier *nicht* Helmut Qualtinger.

Die Ursache für meine »Abstinenz« ist nicht bei anderen zu suchen, sondern bei mir selbst.

Ich schicke meine Gedanken zurück in meine Anfängerzeit: 1953 – Silvestervorstellung des Kabaretts »Der rot-weiß-rote Faden«, Pause um Mitternacht, das Publikum prostet sich zu, die Direktion spendiert großzügig auch uns Schauspielern ein Glas Sekt. Das sprudelnde »Kracherl« war eine wohltuende Erfrischung. Man bot mir noch ein Glas an, warum nicht?

Der zweite Teil des Programms begann mit einer musikalischen Nummer. Der Text spielte Ringelspiel in meinem Kopf, ich »sprang« von der ersten Strophe in die dritte, dann verzweifelt wieder zurück. Höllenqualen! Dazu kam, daß ich nicht auf dem Bühnenboden stand, sondern auf einem zwei Stufen hohen Podest.

Zu der Zeit lief bei uns gerade der Hollywoodfilm »Ziegfeld-Girls« mit Hedy Lamarr, Judy Garland und Lana Turner, der in »Glorious Technicolor« die bittersüßen Lebensgeschichten der drei Schönen aus der berühmten Revuetruppe zeigte. Lana Turner, das blonde Pin-up-Girl, hatte es besonders hart getroffen. Sie verfiel dem Teufel Alkohol und stürzte während einer Vorstellung eine riesige Revuetreppe hinunter (sicher tat es ein Double für sie!).

In meiner Not nach dem Sekt wurden die zwei Stufen meines

Podests zur Filmtreppe und ich sah mich schon das Schicksal von Lana Turner erleiden.

Es ist nichts passiert. Ich sang das Chanson irgendwie zu Ende, das Publikum hat in seiner Silvesterlaune wahrscheinlich gar nichts gemerkt, aber ich habe mir in dieser Nacht geschworen: Keinen Tropfen während der Arbeit. Und ich habe diesen Schwur bis heute gehalten.

P. S.: Nach der Vorstellung, dem Drehtag oder der Aufnahme trinke ich gern einen guten Veltliner aus der Wachau, es kann auch ein Riesling sein. Auch gegen ein Glas edlen Brunello de Montalcino ist nichts einzuwenden.

X *wie Xerxes*

»Xerxes« war unser Geschichtsprofessor in der Oberstufe des Gymnasiums. Ein älterer Herr mit wenig wolligem, rötlichem Haar auf dem runden Schädel. Er war »Wirklicher Studienrat«, wie man uns belehrte. Das mußte wohl ein Titel aus grauer Vorzeit sein.

Natürlich hieß er nicht wirklich Xerxes. Wir nannten ihn so, weil ihn die Klasse vor uns so genannt hatte, und die nach uns Kommenden würden es ebenso tun. Sein Lieblingsthema war Xerxes, der Perserkönig. Leider habe ich davon nicht viel behalten. Der alte Herr hatte nämlich einen S-Fehler, der es bei jedem X sprühen ließ.

Wir dummen Mädchen amüsierten uns über die feuchte Aussprache, statt ihm zuzuhören, und paukten für die Prüfungen lustlos Jahreszahlen. Wären wir doch etwas netter zu unserem Xerxes gewesen, vielleicht hätte er uns statt über die Schlacht bei Salamis und den Aufstand der Babylonier auch etwas über unsere jüngere Geschichte erzählt. Darüber habe ich bis zu meiner Matura nichts erfahren.

Der Text spielte Ringelspiel in meinem Kopf ...
In »Der rot-weiß-rote Faden«
im Wiener Werkel

Y *wie Yves*

Ypsilon! Was fällt einem zu diesem Buchstaben schon ein? Ein Zeitgenosse? Eine Zeiterscheinung? Viel mehr als das. Wenn ich den seltsamen vorletzten Buchstaben des Alphabets vor mir sehe, dann steht danach gleich ein V, ein E und ein S. Und das Ganze heißt – *Yves!* Das war damals so und ist heute nicht viel anders: Yves Montand!

Wenn man mich gegen Ende der fünfziger Jahre gefragt hat, ob ich einen Lieblingsschauspieler hätte oder welcher Mann mich besonders faszinieren würde, dann gab es kein Nachdenken, das war *er – Yves Montand*. Nicht schön, die Nase groß, die Augen eher klein, aber was konnten sie alles ausdrücken! Tiefe Kerben zwischen Nase und Mund, die sich zum hinreißendsten dreckigen Lächeln verziehen konnten. Auf der Bühne immer im schwarzen Hemd, schwarzer Hose. Er bewegte sich wie die großen Amerikaner, die er als Junge verehrt hatte, wie Gary Cooper oder John Wayne. Er tanzte elegant, er liebte Fred Astaire.

Damals hatte ich noch gar nicht so viel von ihm gesehen, ein paar Filme nur, natürlich kannte ich alle seine Platten, und ich verschlang alles, was über ihn zu lesen war.

Aber ich war nicht die einzige, die er verzaubert hatte. Mit meiner lieben Kollegin Elfriede Irrall zum Beispiel habe ich oft am Schauspielerstammtisch beim Fröhlich das Spiel gespielt: »Wenn *er* jetzt hereinkommt und sagt: ›Louiserl, komm'‹, dann muß ich euch leider verlassen, selbst Bill, meinen Ehemann, und mit *ihm* gehen!« – »Und wenn der Yverl sagt: ›Elfriede, komm!‹, was dann?«

Wir haben uns aufgeführt wie die Teenager. Die Kollegen schüttelten nur verständnislos die Köpfe.

Unser Yves war mit Simone Signoret, dem schönen Star aus dem Film »Goldhelm« verheiratet. Daß der tolle Kerl nicht mehr frei war, hat seiner großen Verehrerinnenschar nicht gefallen.

Aber wenn schon gebunden, dann wenigstens an eine faszinierende Frau, sagten wir uns ...

Fünfzehntausend Zuhörer hatte er 1956 in Moskau. Zusammen mit seiner berühmen Ehefrau Simone ist er in die USA gereist und hat, ein Neuling im amerikanischen Showgeschäft, den Broadway erobert – und später auch Marilyn Monroe.

Er war ein großer Komödiant, ein hinreißendes Showtalent und ein unvergleichlicher Chansonnier, *mein* Y – Yves Montand. Unvergessen!

Z *wie Zeitmaschine*

Die Zeitmaschine hat uns wieder zurückgebracht aus den fünfziger Jahren. Aber so leicht läßt uns dieses Jahrzehnt nicht los. Die alten Wurlitzer sind noch immer – oder schon wieder – in Betrieb, die Nierentische kann man in Ausstellungen besichtigen, der Qualtinger ist, zumindest auf Kassetten, für uns lebendig geblieben, Kreppsohlen und Petticoats warten darauf, von den Modeschöpfern wiederentdeckt zu werden, die alten Schlager feiern fröhliche Urstände, und das Fernsehen, das damals jung und ambitioniert war, wird uns sicher noch oft mit den Fünfziger-Jahre-Filmschnulzen an die alten Zeiten erinnern. Mit

Silberwald und Schützenliesl,
grüne Heide, leuchtendes Alpenrot,
Silberwald, Alpenrot, Kaiserball,
Schööön ...

Register